Marcel Messing

Gnostische Weisheit in Ost und West

Walter-Verlag
Olten und Freiburg im Breisgau

Originalausgabe: Marcel Messing, Gnostische wijsheid in Oost en West,
© Uitgeverij Ankh-Hermes bv – Deventer, Holland 1991,
ins Deutsche übertragen von Eva Thielen.

Alle Rechte vorbehalten
© Walter-Verlag, Olten 1992
Satz und Lithos:
Jung Satzcentrum GmbH, Lahnau
Druck: Nord-West-Druck, Trimbach
Einband: Walter-Verlag, Heitersheim
Printed in Switzerland
ISBN 3-530-56651-9

Inhalt

1. In was für einer Zeit leben wir eigentlich?

Selten hat es eine Zeit gegeben, in der so viele erschütternde und einschneidende Ereignisse stattgefunden haben wie in der heutigen.

Viele stöhnen tagtäglich darüber, daß sie mit dem Tempo des Alltags nicht mehr Schritt halten können. Die Medien überschütten uns mit einer kontinuierlichen Flut von Informationen, die unsere Sinne nicht mehr verarbeiten, geschweige denn integrieren können. Aufruhr, Unruhe, Veränderungen machen sich überall bemerkbar. Alte Systeme, Ideologien und Strukturen werden aufgebrochen und wie Treibholz von den großen Wellen der Erneuerung weggeschwemmt. In der UdSSR hat der Geist von Perestroika und Glasnost die gesamte Gesellschaft und alle bestehenden Sicherheiten von innen heraus aufgesprengt, was auch in den Satellitenländern große Veränderungen bewirkte. Der dogmatische Marxismus hat sich überlebt. Daß die Sowjetunion einmal aufgelöst werden würde, hätte man noch vor wenigen Jahren für eine Utopie gehalten. Die Regierungen der Ostblockländer werden ebensoschnell ausgetauscht wie die Kulissen eines Bühnenbildes. Die Masse ist in Bewegung geraten und fordert in unterschiedlichen Kontinenten ein neues Gesellschaftsmodell, in dessen Mittelpunkt die geistige Freiheit steht. Wirtschaftliche und ökologische Ansichten werden dabei zur Diskussion gestellt. Allerlei Kräfte prallen aufeinander. Die Bilder in den Medien zeigen protestierende, demonstrierende und Parolen skandierende Massen. Revolutionen vollziehen sich in Windeseile. Was vor fünf Jahren noch als undenkbar galt, ist jetzt, zur Freude, aber auch zur Skepsis vieler, Wirklichkeit geworden. Ob die alten Ideologien wirklich ausgedient haben, bleibt abzuwarten, denn wo Erneuerung und Veränderung auftreten, sammeln sich auch reaktionäre Kräfte.

China, das jahrtausendealte ‹Reich der Mitte›, befindet sich im Kräftefeld konstruktiver und destruktiver Energien. Obwohl das Engagement von Studenten, Bürgern und einigen fortgeschrittenen Geistern erst einmal mit Gewalt eingedämmt worden ist, schlummert der Samen der Veränderung im Bewußtsein von Millionen Menschen, die den Augenblick erwarten, in dem ein neuer Geist auch dort die dogmatischen Mauern niederreißen und der ‹Platz des himmlischen Friedens› das wahre Herz einer gewaltfreien Erneuerung sein wird.

In der westlichen Welt werden Kapitalismus und Liberalismus immer mehr zur Diskussion gestellt. Die Gründe dafür liegen nicht nur in der potentiellen Gefahr eines neuen und radikalen Börsenkrachs, u. a. in Tokio, New York und London, der die gesamte Welt sehr nachhaltig beeinflussen würde, sondern vor allem auch in der Präsenz einer Umweltproblematik gigantischen Ausmaßes, in einer sehr hohen Kriminalitätsrate, in Geiselnahme, Erpressung, Terror und sozialer Armut. Wir werden in zunehmendem Maße konfrontiert mit einer Jugend, die keine wirklich geistigen Ideale mehr hat, mit einer erschreckend hohen Zahl an Selbstmorden, mit zunehmenden psychischen Spannungen und Zivilisationskrankheiten, mit sich verändernden Machtverhältnissen, ethischen Problemen in zahllosen Bereichen, die nicht zuletzt durch die weit fortgeschrittene Wissenschaft und Technik verursacht werden, und mit einem beständig wachsenden Drogenproblem. In Kolumbien hat die Regierung mit Unterstützung der USA der Drogenmafia bereits den Krieg erklärt und die Armee eingesetzt. Aber es wird noch zu wenig erkannt, daß Drogenbosse und eine Drogenkultur nur in einer Gesellschaft entstehen können, die keine geistigen Ideale mehr hat. Eine Gesellschaft, die nur noch materielle Güter und Reichtum kennt, nimmt ihre Zuflucht zu Pseudo-Religionen, Drogen, Vergnügungsparks, Statussymbolen und einem törichten Tourismus; alles Merkmale einer desorientierten, ruinierten Zivilisation, einer inneren Leere, die man mit einer ‹Hamburgerkultur› auszufüllen versucht.

Immer größer werden die Spannungen zwischen denen, die dem wirtschaftlichen Wachstum Einhalt gebieten wollen, und denen, die ihre Statistiken, Bilanzen und Berechnungen nach wie vor auf der Grundlage überholter, die Mutter Erde rücksichtslos ausbeutender Wirtschaftstheorien anstellen.

Im Nahen Osten entladen sich Tag für Tag die Spannungen zwischen Judentum, Islam, Marxismus und Christentum, unterstützt von den angeschlagenen Ideologien der Großmächte. Tag für Tag brechen Familien auseinander, entstehen Leid und Trauer, die keine Klagemauer gutmachen kann. Immer größer wird aber auch der Druck von außen, der auf eine Lösung dieser aus dem Samen eines uralten Hasses aufgekeimten Tragödie drängt. Jetzt, da es den Anschein hat, als würden zwischen den Völkern engere Bande geknüpft, tritt auch die geistige Diaspora zutage.

Salman Rushdies ‹Satanische Verse› haben die islamische Welt in ihren Grundfesten erschüttert. Auch hier gerieten Massen in Bewegung und war das über Rushdie verhängte Todesurteil Anlaß für heftige Emotionen, bei denen die fundamentalistischen und liberalen Kräfte sichtbar wurden.

Wozu diese Spannungen führen können, hat uns der Golfkrieg gezeigt. Durch ihn wurde ein gewaltiger Konflikt offenkundig, an dem viele Länder karmisch (z. B. durch Waffenlieferungen) beteiligt waren. Die nahe Zukunft wird zeigen, wie sich dieser Konflikt im Irak und im gesamten Nahen Osten entwickeln wird.

In Indien kommen die Glaubenskriege zwischen Sikhs

und Hindus (Punjab) immer heftiger zum Ausbruch, genauso wie zwischen den Tamilen und Singalesen und den Tamilen und Moslems auf Sri Lanka. Dabei lauert im Hintergrund die ständig drohende Gefahr eines Atomkrieges zwischen Indien und Pakistan um die Provinz Kashmir. Zugleich jedoch machen sich in diesem gewaltigen Land die wohltätigen Einflüsse des Avatars Sathya Sai Baba bemerkbar.

Der afrikanische Kontinent wird ebenfalls von Aufruhr beherrscht. Unter dem erbarmungslosen Kameraauge des Fernsehens spitzen sich die Stammeskriege zu. Auch hier vollziehen sich, wie überall in der Welt, in raschem Tempo revolutionäre Prozesse. Diktatoren setzen alles daran, ihre Macht zu festigen oder liefern sich die letzten Rückzugsgefechte, während der Westen auf bittere Armut, Hunger und Vernichtung von Kultur und Natur aufmerksam geworden ist. In Südafrika scheint das Spiel um die Macht auf dem schwarzweißen Schachbrett zum erstenmal auf ein Remis hinzusteuern, seitdem De Klerk und Mandela es vor den Augen der Welt geschafft haben, sich gegenseitig zu akzeptieren. Es werden Signale wesentlicher Veränderungsprozesse ausgesandt, die sich allem Anschein nach nicht mehr in die alten Bahnen von Überlegenheitswahn und Rassismus zurückdrängen lassen. Natürlich zeigt sich auch hier die heftige Reaktion der Konservativen, die sich nach wie vor – oft mit der Bibel in der Hand – auf die Überlegenheit der weißen Rasse berufen. Länder wie Äthiopien, Sudan und Bangladesh scheinen in den völligen Untergang zu stürzen. Sie werden nicht nur von großer Hungersnot, Krieg und Armut heimgesucht, sondern auch von Katastrophen, die immer deutlicher erkennen lassen, daß ein weltweiter Prozeß der Umweltvernichtung im Gange ist. Zahllose Hilfsaktionen werden ins Leben gerufen, doch die Öffentlichkeit begreift immer noch nicht, wo die wirklichen Ursachen liegen.

Weltweit sind Millionen von Flüchtlingen auf der Suche

nach einer neuen Zukunft. Ohne Habe, notdürftig geklei-
det, oft völlig heruntergekommen, überqueren sie legal
oder illegal die Grenzen von Ländern, die diesem Problem
in keiner Weise gewachsen sind. Zwar sind Tausende von
Händen ausgestreckt, um die zahllosen Flüchtlinge aufzu-
fangen, und es werden auch Gelder freigemacht, um diese
Not zu lindern, aber was tatsächlich vor sich geht, ist den
Menschen nicht bewußt. Europa wurde mit einem Flücht-
lingsstrom konfrontiert, der Menschen aus der ehemaligen
DDR zunächst über Ungarn ins freie Deutschland oder in
andere westeuropäische Länder führte, und in dessen Sog
sich später auch Menschen aus anderen Ostblockländern
auf die Suche nach einer neuen Zukunft begaben. Der Fall
der Berliner Mauer rief, neben der (kurzlebigen) Euphorie
über das inzwischen Wirklichkeit gewordene vereinte
Deutschland, bei vielen, die den Zweiten Weltkrieg noch in
frischer Erinnerung haben, auch Besorgnis und Angst angesichts dieser neu entstandenen europäischen Großmacht
hervor.

Neben diesem ‹normalen› Strom von Flüchtlingen hat
sich mittlerweile eine neue Flüchtlingswelle angekündigt,
die durch die wachsende Umweltvernichtung ausgelöst
wird. Die Anzahl der Umweltflüchtlinge, auch «Öko-
Flüchtlinge» genannt, wird die Zahl der ‹normalen› Flüchtlinge wahrscheinlich schon sehr bald übersteigen.

Abgesehen von den einschneidenden, weltweiten Veränderungen und einer allmählichen Entspannung zwischen
den Großmächten, die wesentlich vom Verlauf bevor-
stehender Entwicklungen abhängen wird, müssen wir
zugleich mit großer Beschämtheit feststellen, wie sehr der
gespaltene Geist der Menschheit Mutter Erde gepeinigt, gequält und prostituiert hat. Wir haben unsere wunderbare
Mutter Erde zu einer Kugel, einem Planeten, reduziert, von
dem wir meinten, wir könnten ihn ungehindert ausbeuten,
ohne uns um sein geistiges Wesen zu kümmern.

Schon Zarathustra ließ im 6. Jahrhundert vor Christus in einem seiner Gathas folgende Klage der Erde erklingen:

«Euch klagte die Seele des Stieres (hier Symbol für die Erde): Für wen habt ihr mich gebildet? Wer hat mich gestaltet? Mich haben Mordgrimm, Gewalttat, Blutdurst, Grausamkeit und rohe Kraft gebunden. Ich habe keinen anderen Wirt (Hirten) als euch; so verschafft mir gute Wartung (Weide).»[1]

Besser ist es seitdem nicht geworden. Die Erde schaut uns mit Tränen in den Augen an. Wir haben ihren Körper auf zahllose Arten vergiftet und mißbraucht. Die Erde stirbt. Überall hat unser Egoismus, unsere zügellose Machtdarstellung, unser Wahnsinn zugeschlagen. Zu den Wörtern Genozid, Geozid und Ökozid ist ein neues hinzugekommen, der Matrizid: die Ermordung von Mutter Erde. Wir sehen zu, wie Flüsse sterben, wie Mikroorganismen, Pflanzen, Bäume, Tiere und Menschen durch Matrizid sterben. Wir sehen zu, wie sich Regenwälder in Wüsten verwandeln, wie fruchtbares Ackerland vernichtet wird, wie sich Klimas verändern, wie ganze Meere durch Öl- und Algenpest verschlammen, wie die Ozonschicht in einem erschreckenden Tempo abgebaut wird, wie Smogbildung uns buchstäblich den Atem raubt und wie absichtlich angezündete Wälder eine verbrannte Erde hinterlassen. Mit den wachsenden Müllbergen türmt sich auch das Problem der Müllverbrennung auf. Der Wasserspiegel steigt unaufhaltsam, und mit ihm klettern unsere Umweltabgaben in die Höhe. Der Treibhauseffekt macht sich mit immer deutlicheren Anzeichen bemerkbar, sein Einfluß auf die Ernten ist bereits eine Tatsache. Insektenplagen (vor allem Heuschrecken), Epidemien (Aids) und geheimnisvolle Viren breiten sich aus. Der Geruch des Frühlings ist vielerorts von Ammoniak durchdrungen. Gesunkene, mit Atomwaffen beladene U-Boote in den Meeren, ein vollkommen überlastetes Verkehrssystem mit jährlich Hunderttausenden von Toten, Zehntausenden von Behinderten und Millionen von Tieropfern. Giftdeponien und Giftkatastrophen, die Atomkatastrophe von Tschernobyl und der Unfall im indischen Bhopal, bei dem der Chemie-Riese Union Carbide ein chemisches Inferno auslöste, inzwischen aber wieder ganz normal produziert. Erdbeben in Armenien, Georgien, Tadschikistan, Mexiko, Peru, China, Griechenland, Nepal, Rumänien, Kalifornien, im Iran und auf den Philippinen; allesvernichtende Zyklonen (u. a. Gilbert), Orkane (Hugo und Hellen), Stürme (in nahezu ganz Europa) und Überschwemmungen (in Thailand, Bangladesh, Tanzania, Marseille, auf Sri Lanka, auf den Antillen); verheerende Erdbeben und Vulkanausbrüche auf den Philippinen usw.); Ölkatastrophen im Südpolgebiet und viele andere Katastrophen, die sich direkt auf die Umweltvernichtung zurückführen lassen oder eine Reaktion der Erde auf unser rücksichtsloses Vorgehen sind: das alles hat sich allein in den letzten vier Jahren auf unserem Planeten ereignet. Millionen von Menschenleben wurden einfach ausgelöscht, Millionen ertranken, kamen qualvoll ums Leben, und auch zahlreiche Tiere starben erbärmlich. – Über eine Milliarde Menschen lebt derzeit in ständiger Armut und leidet Hunger, und die permanent geringer werdenden Ernten sowie die immer noch nicht erlassenen Schulden bieten keine Hoffnung auf eine kurzfristige Lösung dieses Problems.

Die Forschungsberichte häufen sich. Erhobene wissenschaftliche Zeigefinger – oft dieselben, die sich zuerst für destruktive Zwecke eingesetzt haben – warnen uns vor großen und einschneidenden Veränderungen auf der Erde, in der Atmosphäre, im Wasserspiegel... Die Noah-Geschichte, das Gilgamesch-Epos, der Hopi-Mythos und andere Erzählungen über die Sintflut werden wieder aktuell. Alte Propheten und Prophezeiungen werden ernsthaft studiert und überdacht von denen, die erkennen, daß diese Prozesse mehr als bloße Veränderungen sind. Neben der Erkenntnis all dieser vernichtenden Kräfte sehen wir zugleich, wie sich weltweit ein Bewußtsein entwickelt, das sich mit dem Verhältnis Mensch-Natur, mit dem rücksichtslosen Vorgehen des Menschen und mit der Beschränktheit wirtschaftlicher Interessen auseinandersetzt. Dieser Prozeß ist in entscheidendem Maße durch das Engagement zahlloser Umweltorganisationen in Gang gesetzt worden. Lichtblicke in diesen dunklen Zeiten. Trotzdem werden wir mit einigen Tatsachen konfrontiert, um die wir nicht herumkommen und die nur noch aus einer spirituellen Weltanschauung heraus zu verstehen sind.

Allmählich werden wir uns der Tatsache bewußt, daß mit unserer Lebensweise, mit unserer Art zu denken, zu sprechen und zu handeln etwas grundlegend nicht stimmt. Allmählich wird es uns bewußt, daß die Gewässer vergiftet werden konnten, weil *wir selbst* die Quelle des Lebens verloren haben. Wir haben den Boden vergiftet, weil *wir selbst* den Grund unserer Existenz nicht mehr kennen. Wir haben die Luft vergiftet, weil *wir selbst* einander in unserem erstickenden Egoismus die Luft zum Atmen nicht mehr gönnen. Und es ist bis heute eine unumstößliche Tatsache, daß das Licht der Sonne sowohl auf die Gerechten als auch auf die Ungerechten scheint.

Eine weitere Tatsache unserer Zeit besteht darin, daß der saure Regen auf die Felder von Guten *und* Bösen fällt, und daß die Guten und Bösen die gleiche Luft einatmen. Denn: Das Leben ist ein großes Ganzes. Alles gehört zu allem. Alles hat mit allem zu tun. Nichts besteht für sich.

Fundamentale Unwissenheit

Die Ganzheit, die Gesamtheit, hat in Ost und West unterschiedliche Namen und kennt neben dem nennbaren, geoffenbarten und sichtbaren Sein auch das nicht-nennbare, nicht-geoffenbarte, nicht-sichtbare Nicht-Sein. Es ist die fundamentale Unwissenheit über die Ganzheit, die den Menschen zu falschen Gedanken, falschen Worten und falschen Taten anstiftet und die zu unheilbringenden Ergebnissen führt. Alle Lehrer haben auf diese Unwissenheit hingewiesen. Alle Weisheitsbücher in Ost und West befassen sich damit.

Unwissenheit ist im Grunde ein Mangel an Licht in der Finsternis des Unbewußten, eine Form des Nicht-Bewußtseins, vergleichbar mit dem Schlaf, mit einem Leben voller Illusionen.

> «Das Licht leuchtet in der Finsternis,
> doch die Finsternis hat es nicht ergriffen»,

heißt es im Prolog des Johannesevangeliums (Joh. 1,5). Der Buddha sprach von *Avijjâ*, der Unkenntnis, die den Kreislauf von Geburt und Tod (Samsâra) aufrechterhält. Sie ist die Wurzel alles Bösen. Jesus wendet sich während seiner Kreuzigung an den Vater, den Urgrund des Lebens, des nicht-geoffenbarten Seins. Er bittet den Vater, den Menschen ihre Taten zu vergeben: *«denn sie wissen nicht, was sie tun»* (Lukas 23,34). Die Schlafenden, die Nicht-Erleuchteten sind sogar bereit, Christus, den Erwachten, zu kreuzigen, nicht wissend, daß jedes Geschöpf eine Offenbarung des Vaters ist. Nicht umsonst bezeichnet *Hermes Trismegistos* die Unwissenheit in bezug auf Gott als das größte Übel des Menschen:

> «Wo lauft ihr doch hin, ihr trunkenen Leute? Ihr, die ihr vom Wein der Unerkenntnis habt getrunken, welchen ihr doch nicht könnt vertragen, im Fall ihr selber nicht ausspeit. Seid doch nüchtern und seht mit den Augen des Herzens, und wenn ihr alle zusammen solches nicht könnt, so tut es doch allein, ihr, die ihr es könnt; denn das Böse der Unerkenntnis überschwemmt den ganzen Erdboden und verdirbt dazu die im Leib verschlossene Seele, weil sie nicht zuläßt, daß diese in den Hafen des Heils gelange.»[2]

Im *fünften Buch* des *Corpus Hermeticum* lesen wir in der Rede von Hermes zu Tatium, daß Gott selbst im Verborgenen bleibt:

> «Denn alles, was offenbar wird, dasselbe ist geboren, weil es offenbar geworden ist.
>
> Aber was verborgen oder unoffenbar ist, das ist allezeit und hat nicht nötig, offenbar zu werden, denn es ist allezeit und macht alle anderen Dinge offenbar, es selbst bleibt ungeoffenbart, weil es allezeit ist.
>
> Der da offenbart, wird selbst nicht offenbart...»[3]

Diesen nicht offenbarten Gott nennt *Hermes Trismegistos* auch

> «einen Vater von allem. . . . Denn da ist nichts in der ganzen Welt, welches Er nicht selbst sei; Er ist beides, die wesenden und die nicht wesenden Dinge; die wesenden hat er geoffenbart, aber die noch nicht wesenden hat Er in sich selbst.
>
> Dieser GOTT ist viel vortrefflicher, als er mag genannt werden, er ist unoffenbar; dieser ist allen offenbar, der durch das Gemüt (den Geist, Anm. d. Übers.) geschaut wird, ist vor den Augen sichtbar; dieser ist unleiblich: viel-leiblich oder vielmehr: es ist keines von all den Leibern, das Er nicht sei, denn Er ist einzig dies alle.
>
> Und darum hat derselbe alle Namen, weil er allein der Vater ist und auch keinen Namen an sich selbst hat, weil er Vater ist von allem.»[4]

Und im *Tao-Te-King* von Lao Tse heißt es schon im ersten Kapitel:

> «Der Weg, von dem wir sprechen können,
> ist nicht der ewige Weg;
> der Name, den wir nennen können,
> ist nicht der ewige Name.
> Das Namenlose ist der Anfang

von Himmel und Erde;
das Namentragende ist die Mutter
der zehntausend Dinge»[5]

In allen Weisheitsbüchern der Welt ist von dem *Unbekannten Gott*, dem *Unsagbaren*, dem *Verborgenen* die Rede. Diese Bezeichnungen finden sich sowohl in der mystischen Tradition als auch in der apophatischen Theologie (der Theologie, die jeden auf Gott bezogenen Begriff ‹negativ›, d. h. verneinend, umschreibt).

Der Buddha führt uns geradewegs zum namenlosen Urgrund, der nur erfahren werden kann, wenn all unsere Begierden ausgelöscht worden sind (Nibbana oder Nirvâna). Meister Eckhart, der in der Tradition von Dionysius Areopagita steht, spricht hinsichtlich des unnennbaren Gottes von *der Gottheit*, und Franz von Assisi singt in seinem *Sonnengesang: ... kein Mensch ist würdig, Dich zu nennen.*

Die Unwissenheit des Menschen in bezug auf das göttliche Universum und sich selbst, in bezug auf die Gesamtheit der Schöpfung, die ihren Ursprung im Ursprunglosen hat, ist der Grund für Krankheit, Leid und Tod. Dies alles wird durch die Identifikation mit der raum-zeitlichen Offenbarung des Lebens und durch die ständige Konfrontation mit Bedürfnissen unterschiedlicher Art verursacht.

Wir wissen nichts über den Vater, über den Urgrund des Lebens, aus dem alles hervorgeht, der aber selbst nie erschaffen und nie hervorgebracht wurde. Der Vater ist *das Wesen aller Wesen, Grund und Ungrund* (Jakob Böhme) und DAS sind wir!

Die Erkenntnis des Vaters ist ein Erwachen aus dem Rausch der Unwissenheit, es ist die Transzendenz des raumzeitlichen Universums.

«So auch verhält es sich mit allen, welche die Unwissenheit von sich abschütteln wie Schlaf. Sie halten nichts mehr vom Schlaf.

Auch von den Ausgeburten des Schlafes halten sie nichts mehr, da jene ja keinen Bestand haben, sondern sie lassen sie hinter sich wie Träume der Nacht. Die Erkenntnis des Vaters ist ihnen das Licht.

So verhalten wir uns alle, wenn wir noch schlafen, das heißt, unwissend sind, und so ergeht es uns, wenn wir erkennen, das heißt, wach werden.

Das ist das Höchste für den Menschen: zu sich zu kommen und aufzuwachen.

Und gesegnet sei er (Jesus), der den Blinden die Augen öffnet.»[6]

In einer Zeit, in der neue Theorien über das Weltbild (Stephen Hawking, Paul Davies, Fritjof Capra) das alte Weltbild von Newton zermahlen; in einer Zeit, in der die Quantenmechanik (die Physik, die in die Welt des Subatomaren vordringt) die Einheit von Materie-Energie-Geist-Bewußtsein zu erahnen beginnt; in einer Zeit, in der neue Hypothesen aus der Biologie die Einheit des Lebens aufzuzeigen beginnen (Sheldrakes *morphogenetische Felder*) und der *selbstorganisierende* Charakter des (geoffenbarten) Lebens immer eingehender nachgewiesen wird (Jantsch, Prigogine, Lovelock und Bateson), ist es von allergrößter Wichtigkeit, uns dabei als Menschen nicht auszuschließen und uns in erster Linie auf unseren Platz und unser mögliches Ziel im Weltall zu besinnen.»[7]

Die Zukunft ist die Frucht unseres gegenwärtigen Denkens und Handelns. Wenn es uns gelingt, soviel Erkenntnis zu gewinnen, daß wir unsere Einstellung zum Leben verändern können, können wir verhindern, daß unser gegenwärtiges Denken und Handeln ausschließlich von der Vergangenheit bestimmt wird.

Ziel unserer menschlichen Suche ist die Aufhebung der fundamentalen Unwissenheit, die jeder Form von Dualität zugrunde liegt.

«Die gehen in tiefe Finsternis ein, die dem Nichtwissen anhängen; in noch tiefere, scheint es, die, welche am Wissen sich freuen.

Sie sagen, es ist anders als das Wissen, anders als das Nichtwissen. So hörten wir von den Weisen, die uns das erklärten.

Wer beides, Wissen und Nichtwissen, zugleich erkennt, überwindet durch Nichtwissen den Tod und gelangt durch Wissen zur Unsterblichkeit.

Die gehen in tiefe Finsternis ein, die dem Vergehen anhängen; in noch tiefere, scheint es, die, welche an dem Werden sich erfreuen»,

heißt es in der *Isha Upanishad.*[8]

Solange eine Trennung zwischen dem Kennenden und dem Gekannten besteht, besteht Unwissenheit, auch wenn diese vom Schein des Wissens verschleiert wird. Solange eine Wahl für das manifestierte oder nicht-manifestierte Sein getroffen wird, liegt ebenfalls eine Trennung und somit ein Fortbestehen der Unwissenheit vor.

Nur durch das Transzendendieren des manifestierten *und* nicht-manifestierten Seins entsteht das Namenlose, das Unnennbare. Der Mensch, der sich an das raum-zeitliche Leben bindet, bleibt dem zyklischen Verlauf des manifestierten Lebens verhaftet. Er läßt sich von den rhythmischen Wellen des Ozeans tragen und vergißt dabei, daß er selbst der Ozean *ist* und nicht nur die Welle, die lediglich eine Manifestation des Ganzen darstellt. Durch diese Identifikation mit dem raum-zeitlichen Leben wird es immer Dualität geben, Anfang und Ende, Leben und Tod, Gut und Böse, Himmel und Erde, Zeit und Ewigkeit, usw. Wo ein Anfang gedacht wird, gibt es auch ein Ende. Wo von einem ersten Schöpfungstag die Rede ist, gibt es auch einen letzten Schöpfungstag, und wo ein Beginn der Zeiten ist, gibt es auch ein *Ende der Zeiten.*

Solange der Mensch unwissend bleibt, werden am Ende einer Offenbarungswelle, am *Ende der Zeiten*, auch die fundamentalen Folgen dieser Unwissenheit ans Licht kommen.

Nicht wissend, daß ‹wir› diese Folgen im Laufe der Zeit

durch mangelnde Erkenntnis (Gnosis) des «Vaters»[8a] selbst
verursacht haben, werden wir mit der unheilsamen Frucht
unserer Gedanken, Worte und Taten konfrontiert. – Doch in
der Tiefe des Ozeans bleibt alles unbeweglich still.

Das Ende der Zeiten

> «In Leben und Tod findet, wer erhabenen Geistes ist:
> Nichts aufzugeben noch zu ergreifen.
> Nicht Wunsch, das All zerschmölze,
> Nicht Gram über seinen festen Bestand, –
> Leben, wie es sich gibt: davon reich
> Weilt er, wie es ihm wohl ist.»[9]

(Aus: Ashtâvakra-Gîtâ)

Der indische Weise Ashtâvakra erlangte die Erkenntnis, als
er sich in seinem Bewußtsein über jegliche Dualität erhob.
Ihm wird die *Ashtâvakra-Samhitâ* (auch *Ashtâvakra-Gîtâ*) zu-
geschrieben, eine Sammlung von Weisheitstexten (Sam-
hitâ). Die in Form eines Dialogs zwischen Ashtâvakra und
König Janaka verfaßten Texte enthalten eine unvergängliche
Weisheit, die eine enge Verwandtschaft mit der *Bhagavad-
Gîtâ* aufweist. Wer Erkenntnis, Gnosis, erlangt, ist nicht länger vom raum-zeitlichen Sein abhängig, identifiziert sich
nicht länger mit dem raum-zeitlichen Leben, das sich von
Äon zu *Äon*, von *Ewigkeit* zu *Ewigkeit* im Rhythmus des Entstehens und Vergehens manifestiert. Ein solcher Mensch
kennt kein Verlangen mehr nach einem Anfang oder Ende,
nach Entstehen und Vergehen. Sein Bewußtsein hat die Dualität transzendiert.

Im manifestierten Universum ist alles an Zeit und Raum
gebunden, auch wenn die Offenbarung einer Lebenswelle
unendlich lange dauert. Alles offenbarte Leben im Universum bleibt durch Nahrung am Leben, egal, ob es sich dabei

um schwerste stoffliche Nahrung oder um feinste Nahrung aus Lichtsubstanzen handelt. Anders ausgedrückt: egal, ob es sich um die *Fleischtöpfe Ägyptens* oder um göttlichen Nektar und Ambrosia handelt. Alles Zusammengesetzte besteht nur durch Nahrung. In der *Brihad-Aranyaka-Upanishad* wird bereits auf einige Gleichsetzungen zwischen makrokosmischen und mikrokosmischen Größen verwiesen, die ‹Honig› füreinander sind:

> «Dieses Selbst ist aller Wesen Honig, diesem Selbst sind alle Wesen Honig; aber was in dem Selbst jener kraftvolle, unsterbliche Geist ist, und was als das Selbst jener kraftvolle, unsterbliche Geist ist, dies ist eben das, was diese Seele ist; diese ist das Unsterbliche, diese das Brahman, diese das Weltall.»[10]

Nichts existiert für sich, alles ist sich gegenseitig Nahrung. Nur im Sein des Urgrunds, im Nicht-Substanziellen, im Ungrund aller Dinge, wo Zeit und Raum in Zeitlosigkeit verfließen, wo das Sein in Nicht-Sein übergeht, in das ewige Selbst, herrschen absoluter Friede und völlige Unabhängigkeit.

Wer im Selbst aufgeht, hat inneren Frieden erlangt, ist ein heiterer Mensch geworden, ist zufrieden mit dem, was das Leben ihm gibt, und unternimmt keinerlei Versuche mehr, seine Existenz aufrechtzuerhalten. Solange es Nahrung gibt, wird der Körper erhalten. Sobald der Augenblick anbricht, dorthin zu gehen, wo es kein Ankommen und kein Abreisen gibt, ist die Zeit gekommen. Der weise Mensch ist eine Manifestation des Universums, des Selbst. Selbsterkenntnis ist die Erkenntnis des Selbst, des Universums. Wer nach langer Suche zum Selbst gekommen ist, wird erschüttert sein,

> «... Ist er erschüttert, wird er staunen. Und dann wird er über das All herrschen»,

lesen wir im 2. Logion des *Thomasevangeliums*.[11]

Doch um zum *Selbst* zu ‹kommen›, zum ewigen *Atman*, wie die Upanishaden sagen, muß das Ich in uns verschwinden, muß unser *eigenes Selbst* als nicht wirklich existent entlarvt werden. Dann bricht die Zeit *des letzten Abendmahls* an. *«Wer sein Leben findet, wird es verlieren, und wer sein Leben verliert um meinetwillen, wird es finden»*, sagt Jesus (Matthäus 10,39). Ob Jesus dies wörtlich gesagt hat, läßt sich nicht mehr nachvollziehen, und es ist im Grunde auch unwichtig. Wichtig ist, daß wir in dem, was als Gnosis überliefert wurde, den *Geist* der Dinge sehen und begreifen. Die ‹Wortspielereien› können wir getrost den Wortklaubern überlassen.

Wenn wir das wahre Leben finden, das Selbst ohne unser Selbst, verlieren wir unser eigenes Leben. Verlieren wir durch die *Imitatio Christi* unser eigenes Ich-Leben, unser Scheinleben, das bestimmt wird von der Wahnvorstellung, wir seien selbständige und für sich bestehende Wesen, dann finden wir das zeitlose Selbst. Es hat keinen Sinn, die ganze Welt zu gewinnen und dadurch unseren Untergang und Tod herbeizuführen (vgl. Lukas 9,25). Oder wie Lao Tse bereits sagte:

> «Ohne weit zu gehen,
> kann man die ganze Welt verstehen;
> ohne aus dem Fenster zu schauen,
> kann man die Wege des Himmels begreifen.
> Je weiter man fortgeht,
> desto weniger versteht man.
>
> Deshalb begreift der Weise,
> ohne zu reisen;
> er sieht,
> ohne zu schauen;
> er vollendet,
> ohne zu tun.»[12]

Leben ist eine Kunst. Sterben ist eine Kunst. Das Paradoxon liegt daran, daß unser Leben uns umso mehr entgleitet, je stärker wir daran festhalten. Doch durch dieses Festhalten, durch die Bindung an das Leben werden wir unweigerlich mit dem Verfall der Dinge, mit Vergänglichkeit, Krankheit, Leid und Tod konfrontiert. Unwissenheit und Verlangen sind Öl auf das Feuer des ich-orientierten, isolierten Lebens. In einem Sutta* des Buddha lesen wir:

«Ganz unbekannten Anfangs, ihr Mönche, ist diese Wanderung von Dasein zu Dasein. Man kennt nicht den Ausgangspunkt, von welchem an die Wesen, mit dem Hemmnis der Unwissenheit und der Fessel der Gier behaftet, umherirren und wandern. Es gibt, ihr Mönche, eine Zeit, wo das große Meer austrocknet, versiegt, nicht mehr ist. Nicht aber, ihr Mönche, weiß ich zu sagen von einem Verschwinden des Leidens der Wesen, die, mit dem Hemmnis der Unwissenheit und der Fessel der Gier behaftet, umherirren und wandern. Es gibt, ihr Mönche, eine Zeit, wo Sineru (der Götterberg Meru), der höchste aller Berge, verbrennt, zugrunde geht, nicht mehr ist. Nicht aber, ihr Mönche, weiß ich zu sagen... Es gibt, ihr Mönche, eine Zeit, wo die große Erde verbrennt, zugrunde geht, nicht mehr ist. Nicht aber, ihr Mönche, weiß ich zu sagen...»[13]

Das *Ende der Zeiten* wird von vielen religiösen Bewegungen als ein definitives apokalyptisches Ende mit großen Katastrophen und dem Erscheinen eines neuen Messias dargestellt. Die mehr esoterisch Orientierten gehen davon aus, daß das Ende der Zeiten jeweils das Ende eines bestimmten Zyklus ist, wie es z. B. in der *Bhagavad-Gîtâ* beschrieben wurde.

In der alten Hinduweisheit, insbesondere bei den Verehrern des Gottes Shiva, den Shaivas, und des Gottes Vish-

* In diesem Buch werden anstatt der Begriffe aus dem Sanskrit (Sûtra, Dharma, Nirvâna), die Pâli-Begriffe (Sutta, Dhamma, Nibbana) bevorzugt, außer in bezug auf den Avatar, wo die Sanskrit-Form Dharma verwendet wird.

nu*, den Vaishnavas, ist das zyklische Dasein sehr eingehend ausgearbeitet worden, und es existiert sowohl über die kleineren Kreisläufe des Daseins (z. B. die des Menschen, der Erde und des Sonnensystems) als auch über die größeren Kreisläufe (des Sonnensystems, der Sonnensysteme und des Alls) ein umfangreiches Wissen. Dieses Wissen kommt in den *Purânas* (Sanskrit für «die Alten»), den heiligen Schriften der Anhänger von Shiva und Vishnu und anderen, ausführlich zur Sprache. Die Purânas sind metrische Lehrgedichte, in denen u. a. die uralte Weisheit über das Entstehen des Alls, der Götter, der Helden und Menschen beschrieben wird. Sie entstanden zwischen dem 1. und 10. Jahrhundert nach Christus, doch ihre Weisheit ist zeitlos. Die Thesen, die wir später in den theosophischen Lehren antreffen, haben ihre Quelle im alten Indien. Auch die Lehren des Anthroposophen Rudolf Steiner über das zyklische Dasein (z. B. *Die Geheimwissenschaft im Umriß*) und der Rosenkreuzer Max Heindel (z. B. *Kosmologie der Rosenkreuzer*) und Jan van Rijckenborgh (z. B. in den Bänden über *Die Apokalypse der neuen Zeit*) gehen teilweise darauf zurück.

Eines der berühmtesten Purânas ist die *Bhagavad-Gîtâ*, die vor allem von Krishna als Inkarnation Vishnus handelt.

Die christliche Kultur wurde in ihrer Auffassung über das *Ende der Zeiten* stark von der apokalyptischen Vision des Johannes bestimmt. Johannes soll diese Vision ca. 95 oder 96 auf Patmos gehabt haben, wo er in Verbannung lebte. Patmos ist eine griechische Insel der in der Ägäis liegenden Sporadon.**

---

* Im Hinduismus gibt es die göttliche Trinität (Trimûrti): Brahmâ, den Schöpfer, Vishnu, den Erhalter, und Shiva, den Zerstörer. Zusammen mit einem Pantheon von Göttern symbolisiert die Trimûrti den kontinuierlichen Schöpfungsprozeß in Zeit und Raum, das unaufhörliche Spiel oder Lîlâ des ganz und gar für sich stehenden ‹Wesens›: Brahman ohne Eigenschaften, das Absolute, der Urgrund.

Das Wort Apokalypse stammt vom griechischen Verb apo-kalúpto, was ‹enthüllen›, ‹offenbaren›, ‹entschleiern› bedeutet. Das Buch *Apokalypse* oder *Die Offenbarung des Johannes* ist im Grunde ein *Einweihungsbuch*. Dadurch, daß es in profane Hände geriet und Gemeingut der Masse wurde, hat sich über Jahrhunderte hinweg in den Köpfen von Millionen die Idee eines absoluten, definitiven Endes der Welt festgesetzt.

Immer wieder wies die Orthodoxie zu bestimmten Zeiten darauf hin, daß das ‹Ende nah› sei, während chiliastische Bewegungen (Wiedertäufer, Darbysten, Irvingianer, Mormonen, Adventisten, Zeugen Jehovas) ihre Gläubigen in schwierigen Zeiten unablässig unter Druck setzten mit der Idee einer definitiven, totalen Vernichtung der Welt und einem endgültigen Urteil, das vom neuen Messias gefällt werden würde. So sehen wir, daß der Chiliasmus (gr. chilioi, tausend) – der Glaube an ein tausendjähriges Friedensreich auf Erden, basierend auf einer wörtlichen Auslegung der *Apokalypse* 20,1.-10 – in den ersten Jahrhunderten des Christentums üppig gedieh. Die Ostkirchen haben diese Idee schon bald vergeistigt.

Wer die *Apokalypse* von Johannes mit bestimmten Abschnitten aus den Purânas vergleicht, wird sich des Eindrucks nicht erwehren können, daß eine weitgehende Ähnlichkeit in der Metaphorik besteht. An manchen Stellen sind die Gemeinsamkeiten so groß, daß der Eindruck entsteht, die *Apokalypse* könnte von den Purânas beeinflußt worden sein. Ein Gedanke, der eigentlich gar nicht so weit hergeholt ist, wenn man bedenkt, daß die Tradition der Purânas vor

** Der Apostel Johannes wurde nach einer Überlieferung wegen seiner weitreichenden Berühmtheit von Kaiser Domitian nach Patmos verbannt, nachdem dieser zuerst versucht hatte, Johannes seiner prophetischen Gaben zu berauben, indem er ihm die Haare abschneiden ließ. Das dies nichts genützt hat, zeigt die Vision des Johannes.

allem im frühen Christentum kein unbekanntes Phänomen war. Der ‹heilige› Gregor z. B., Bischof von Armenien im 3. Jahrhundert nach Christus, konnte nach seiner Bekehrung zum Christentum nicht nur König Tradt dazu überreden, Armenien vom Heidentum zu ‹säubern›, sondern er vernichtete mit seinem Mönchsorden auch systematisch zahllose Tempel, wie die Tempel von Wahagn (Herkules geweiht) und Astlik (Venus geweiht). Mit einem weiteren Auftrag gelang es ihm, zwei der in Armenien unter der Herrschaft der Arsakiden* erbauten Hindutempel (149 und 127 v. Chr.) zu vernichten.[14]

Untergangsgedanken im Sinne der *Apokalypse* erwachen vor allem in Zeiten von Krieg, schweren Krisen oder am Ende eines Jahrhunderts (fin de siècle). Ein Beispiel dafür ist Europa am Ende des 16. und zu Beginn des 17. Jahrhunderts. Europa befindet sich zu dieser Zeit in einer ernsthaften Krise, die sich im Dreißigjährigen Krieg (1618–1648) entladen wird. Diese Epoche wird, durch das Verlangen nach einer neuen Zeit charakterisiert, inspiriert u. a. von den Ideen des Abtes Joachim Fiore (ca. 1132–1202); man erwartet einen neuen Messias, der von Paracelsus bereits als der neue Elia angekündigt wurde; es entstehen Utopien wie ‹Civitas Solis› (Campanella), ‹Christianopolis› (Andreae) und ‹New Atlantis› (Bacon), und man geht schwanger mit großen Bruderschaftsideen und dem Gedanken an eine Weltreligion, die in den Manifesten der Rosenkreuzer aus den Jahren 1614, 1615 und 1616 angekündigt werden.

So wie auch in unserer Zeit viele nach einem neuen Messias, einem Heiland, Ausschau halten, so wurde im 17. Jahrhundert der neue Elia erwartet, der im Jahre 1604 kommen

---

* Die Arsakiden waren ein Königsgeschlecht des von Arsakes gestifteten Parthischen Reichs. Die Parthen waren ein Nomadenvolk iranischer Abstammung, das sich 248 v. Chr. erhob, Parthien besetzte und ein Reich mit gleichem Namen stiftete.

sollte, einem Jahr, in dem mit Serpentarius (Schlange) und Cygnus (Schwan) ein neuer Stern am Himmel erschien. In Keplers Abhandlung «*Gründtlicher Bericht von einem ungewöhnlichen neuen sehr grossen hellen glänzenden Stern welcher erstmahlen erschienen ist*» (Prag 1605) wird über diesen Stern berichtet.

In unserer Zeit wird in esoterischen Kreisen und auch darüber hinaus immer mehr vom Einfluß des Aquarius (Wassermann) gesprochen, der mit dem Stand der Mysterienplaneten Neptun, Uranus und Pluto zusammenfällt. Am Ende des 16. und zu Beginn des 17. Jahrhunderts spukte der Gedanke an den Weltuntergang in allen Köpfen herum; es gab ‹falsche Propheten› und Scharlatane, alles Elemente, die sich ohne weiteres auch in unserer Zeit wiedererkennen lassen.

Das 13. Jahrhundert, in dem der Katharismus aufblüht, weist ebenfalls einige interessante Parallelen zu unserer Zeit auf. Dies erklärt vielleicht das erneute Interesse am Katharismus und an der Gnosis im allgemeinen. Auf das wachsende Interesse für das Mittelalter hat die 1989 gestorbene Historikerin Barbara Tuchmann bereits ausführlich hingewiesen. Nicht umsonst gehören ihre Bücher über das Mittelalter in vielen Ländern zu den zehn meistgelesenen Büchern.

Die *Apokalypse* des Johannes gehört zur sogenannten *Arkandisziplin*, der Tradition der geheimen Lehren, die von jeher mit den Einweihungstempeln (Mysterientempel) verbunden ist. Das apokalyptische Wissen gehört zur Blüte des Baumes der Gnosis. Dieses Wissen bzw. diese Gnosis enthält Erkenntnisse hinsichtlich der großen und kleinen Kreisläufe in Kombination mit der Zahl sieben. Dabei gilt die hermetische Weisheit: *Wie oben so unten.* Was sich im Kosmos offenbart, wird auf der Mikroebene im Menschen widergespiegelt. Schon die alten arabischen Weisheiten sagten, der Mensch sei ein Mikrokosmos, was bedeutet, daß alles, was wir im großen Kosmos vorfinden, im Menschen im kleinen wiedergefunden wird, in ihn projiziert ist. Die Erkenntnis des Alls beginnt also mit der Selbst-Erkenntnis. Für den Renaissancegelehrten und Philosophen Giovanni Pico della Mirandola war das Grund genug, sein Werk *De hominis dignitate* (über die Würde des Menschen, 1487) mit folgenden Worten zu beginnen:

«In den Schriften der Araber habe ich gelesen, der Sarrazene Abdala habe auf die Frage, welche Erscheinung auf der ‹Bühne dieser Welt› am meisten zu bewundern sei, geantwortet, daß nichts bewundernswerter erscheine als der Mensch. Zu dieser Äußerung stimmt das bekannte Wort des Merkur: Ein großes Wunder, Asclepius, ist der Mensch.» [15]

In theosophischen Kreisen finden wir vor allem in der *Geheimlehre* von H. P. Blavatsky ausführliche Informationen über die sieben Offenbarungstage, die sieben Kreisläufe und Rassen, die sieben Körper des Menschen und die sieben Chakras.

In der *Apokalypse* bezeichnet das Ende der Zeiten sowohl das Ende eines Zyklus als auch das Ende unseres isolierten Ich-Lebens, wenn wir *sieben Einweihungsphasen* durchgemacht haben. Was der Kandidat der Einweihung, der eine ausreichende Reife erreicht hatte, in den Tempeln und Pyramiden der Einweihung (z. B. Luxor, Karnak, Hermopolis, Heliopolis, die drei Pyramiden von Gizeh; Eleusis, Delphi) in einem beschleunigten Tempo erlebte, macht die Menschheit meistens in der evolutionären Linie durch, es sei denn, daß das Moment der Erkenntnis kommt und der Weg verkürzt werden kann *(der schmale Pfad)*. Dies ist eine Beendigung jeglichen Entstehungsdrangs. Das *Kenne Dich Selbst* der Mysterientempel beinhaltete immer auch Wissen über das All, über das zyklische und unergründliche Dasein und über die Welt der Götter. Die *Apokalypse* enthält sowohl die *Zeichen der Zeit* – die Merkmale des Endes eines Zyklus und des Beginns einer neuen Zeitphase, die mit überaus einschneidenden Umwälzungen einhergehen – als auch Informationen über den Pfad der Einweihung in sieben Phasen, verbunden mit den sieben Chakras. In den Händen derer, die die Religion zu einer exoterischen (außenorientierten) Angelegenheit gemacht haben, ist dieses Buch unverdaulich geworden. Der Esoteriker (Innenorientierte) jedoch wird das ‹Büchlein› aufessen, ebenso wie Johannes in der *Apokalypse* 10,9 das Buch des Engels ‹aufißt›. Mit ‹aufessen› ist hier gemeint: das Wissen wird verinnerlicht.

Der Esoteriker hat *die sieben Sendbriefe, die sieben Siegel, den Schall der sieben Posaunen, die sieben Donnerschläge, die sieben Engel, die sieben Schalen* und die apokalyptischen Tiere und Visionen verstanden. Er hat Erkenntnis, Gnosis, erlangt. Unsere Erde ist wieder einmal am Ende eines *Zeitraums,* eines *Zeitlaufs* angelangt, wieder einmal ist ein *Ende der Zeiten* erreicht, das zum Schluß die *Apokalypse,* die *Enthüllung,* offenbart. Wieder einmal ist das Maß eines Zeitraums voll.[15a] Weltweit und individuell findet in raschem Tempo die karmische Abrechnung dessen statt, was wir im Laufe der Zeit *selbst* im positiven oder negativen Sinne gesät haben. Den meisten etablierten Kirchen entgehen diese *Zeichen der Zeit.* Eifrig suchen sie nach den Ursachen von dem, was Prof. Jacob Needleman ‹Das verlorene Christentum› nannte.

Die überaus bewegte Zeit, in den wir leben, in der das Gefühl entstanden ist, daß sich alles in zeitlich geraffter Form vollzieht, ist in der esoterischen Wissenschaft als die schwerste und schwierigste Epoche in der Geschichte des Menschen und der Erde bekannt. Es ist die Epoche der großen Umwälzungen. Im Westen ist diese Epoche mit dem Übergang des Tierkreiszeichens der Fische zu dem des Wassermanns verbunden. Im Osten (besonders in der Hinduweisheit) ist dieser Übergang vom Fische- zum Wassermannzeitalter nur ein Bestandteil eines der vier großen kosmischen Zeitalter: Kaliyuga oder das Eiserne Zeitalter.

2. Vom Fische-
zum Wassermannzeitalter

«‹Seht, wenn ihr hineinkommt in die Stadt, wird euch einer begegnen, der einen Wasserkrug trägt; folgt ihm in das Haus, in
das er hineingeht, und sagt zu dem Herrn des Hauses: Der Meister läßt dir sagen: Wo ist die Herberge, in der ich mit meinen
Jüngern das Pascha essen kann? Er wird euch ein großes Obergemach zeigen, versehen mit Polstern; dort sollt ihr es bereiten.›
Sie gingen hin, fanden es, wie er ihnen gesagt hatte, und bereite-
ten das Pascha. Und als die Stunde kam, ließ er sich zu Tische
nieder und die Apostel mit ihm.»   (*Lukas, 22,10–14*)

‹Der Mann mit dem Wasserkrug› ist u. a. eine symbolische
und esoterische Darstellung für das Tierkreiszeichen des
Wassermanns, das dem Fische-Zeichen folgt. Das ‹Essen des
Pascha› innerhalb dieses Tierkreiszeichens ist eine Metapher für die Vereinigung des Schülers mit dem inneren Christus, für die mystische Hochzeit, das Einswerden mit dem
universellen Geist, dem «Vater». Die mystische Vereinigung
wird als *Mahlzeit* dargestellt, als *Paschamahl,* weil Ostern das
Symbol der inneren Auferstehung ist, an dem das, was in
uns gestorben war, zu neuem Leben erwacht. Wenn die Zeit
gekommen ist, wenn unser Planet unter den Einfluß dieser
gewaltigen Wassermann-Energie gerät, kann das Paschamahl mit all jenen gegessen werden, in welchen der Same der
Lehre Christi durch weitere Reinkarnationen gereift ist.

Die *Stadt* symbolisiert Jerusalem, das *neue* Jerusalem.
Keine reale Stadt, sondern ein Zustand des Friedens (Jeru-
salem), der nach den großen Umwälzungen eintreten wird.
Der Herr des Hauses ist die Seele eines jeden Schülers, der auf

die Vereinigung mit dem inneren Meister wartet. *Ist der Schüler fertig, ist der Meister dort,* so lautet eine östliche Redensart. *Das Obergemach* stellt unseren Kopf, unseren Schädel dar, Golgotha, in dem das geöffnete Scheitel-Chakra, als siebtes Chakra, auf die mystische Vereinigung mit dem Göttlichen, *dem Meister,* wartet. Die *Polster* symbolisieren den Zustand der inneren Ruhe, des Zur-Ruhe-Gekommenen-Seins in der Welt unaufhörlichen Entstehens. *Der Mann mit dem Wasserkrug* oder Wassermann deutet vor allem auf den Beginn eines Zeitalters innerhalb der zwölf Tierkreiszeichen, in denen sich große Möglichkeiten bieten, zur Selbstverwirklichung zu gelangen. Der Krug enthält das *lebendige Wasser der Erkenntnis,* das im Zeitalter des Wassermanns wie eine gewaltige Energie über die Welt ausgeschüttet wird. Es bleibt uns überlassen, wie wir auf diesen gewaltigen Energiestrom reagieren: mit innerer Auferstehung oder mit Verfall.

Dieser Energiestrom hat eine zweifache Wirkung. Einerseits bricht er mit allem und fegt alles Alte, Dogmatische, Erstarrte und Kristallisierte weg, andererseits manifestiert er auf den Ruinen des Alten eine neue Ordnung, eine ‹neue Zeit›. Der Energiestrom gewinnt täglich an Kraft und beschleunigt die Weltgeschehnisse.

Der Wassermann ist das Zeitalter der Ernte, das Zeitalter, in dem individuelles Karma (Folgen des Handelns) und Menschheitskarma in zeitlich geraffter Form sichtbar werden. Es ist das Zeitalter, in dem auf absolute Weise Farbe bekannt werden muß, in dem alles, was verschwiegen wurde, offenkundig wird, in dem die Böcke von den Schafen getrennt werden. Das Zeitalter des Wassermanns oder Aquarius geht mit einem ‹Frühjahrsputz›, mit Reinigung und Säuberung einher. Sobald die gewaltige Energie aus dem Krug herausströmt, tritt der Schmutz zutage. Die Augen der Menschen werden geöffnet für das, was sich im Laufe der Jahrhunderte abgespielt hat – und das war nicht viel Gutes.

Aquarius macht einen Anfang mit der Wiederherstellung der kosmischen Ordnung auf dem Planeten Erde. Diese Ordnung wurde mit Füßen getreten, da die Menschheit in ihrer Entwicklung auf dem absoluten Tiefpunkt angelangt ist.

Der Wassermann weist auch Bezüge zur Sintflut und zu einer geistigen Flut auf. Der Wassermann durchbricht das Zeitalter des Materialismus und Rationalismus, des Nihilismus und Atheismus; in materieller Hinsicht, indem er die Erde säubert, und in spiritueller Hinsicht, indem er den Menschen reinigt durch die geistige Flut der Erkenntnis, der Gnosis.

Die Energie des Wassermanns ist für jedes Geschöpf deutlich spürbar. Nichts bleibt beim alten. Die seriöse Astrologie und die esoterische Wissenschaft lehren uns, daß diese Energie mit den Strahlungsfeldern der drei Mysterienplaneten Neptun, Uranus und Pluto in Verbindung steht. Neptun verkörpert Beseelung, Liebe, Inspiration und die Mobilisierung der Massen und Unterdrückten; Uranus steht für Erkenntnis, Bewußtwerdung und Freiheit; Pluto für innere Kraft. Die drei Mysterienplaneten verursachen in ihrer heutigen Konstellation vor allem ein Aufbrechen von allem, was jemals verborgen war, besonders in der Welt des Okkulten (lat. occultus = verborgen). Im positiven Sinne bedeutet dies eine gewaltige Aufwertung und ein wachsendes Interesse für die Wissenschaft der Esoterik, im negativen Sinne ergibt sich aus dieser Entwicklung die ungesunde und gefährliche Aufmerksamkeit für das negative Okkulte, dessen schlimmste Auswüchse schwarze Magie oder Satanismus sind. Bedingt durch die Kraft der Strahlung von Aquarius wird sich dieser Schlagschatten jedoch auf die Dauer verringern und ‹gebunden› werden.

Es ist kein Zufall, daß die Astronomie, die einst enge Beziehungen zur Astrologie aufwies, diesen Mysterienplaneten gerade heute immer mehr Aufmerksamkeit widmet. Die Wirkung dieser Planeten war übrigens schon in der Antike bekannt, wie die antiken Mythen bis auf den heutigen Tag beweisen. Die Kraft von Pluto und Neptun z. B. wurde in der griechischen Mythologie, unabhängig von deren planetarischem Charakter, ausführlich beschrieben. Die Bezeichnung Mysterienplaneten bezieht sich auf die vielen Mysterien dieser Planeten, welche die Wissenschaft bislang noch nicht aufdecken konnte. Daß ihre magnetischen Felder jedoch das elektromagnetische Feld der Erde beeinflussen, wird jetzt auch offen von der Astronomie zugegeben. Wenn die Energiefelder des ‹Wassermanns› an Kraft gewinnen, ist das zugleich der Auftakt für die Enthüllung, für die Apokalypse, für das Ende eines Zeitalters.

Die Früchte des Wassermannzeitalters, auch Sonnenzeitalter oder ökologisches Zeitalter genannt, können erst in Erscheinung treten, nachdem sich im religiösen, politischen, wissenschaftlichen, völkerkundlichen, geologischen und klimatologischen Bereich immense Veränderungen vollzogen haben. Alle alten Werte, die neben einer Wohlstandsgesellschaft auch Nazismus, Imperialismus und Materialismus hervorbrachten, werden von der Energie des Wassermanns zerstört. Ideologien, die ganze Völker über Jahrzehnte hinweg verbanden oder unter ein Sklavenjoch gezwungen haben, fallen wie Kartenhäuser zusammen. Es ist, um Nietzsche zu zitieren, eine Zeit der *Umwertung aller Werte*.

Wir leben *jetzt* in dieser Zeit. All diese Dinge geschehen *jetzt*. Wir können *jetzt* miterleben, wie in raschem Tempo alte Dekorationen abgebaut werden, um Platz zu machen für neue, in denen das Schauspiel des Lebens fortgesetzt werden kann. Wir sehen *jetzt*, daß neben seriösen Lehrern, Gurus und Avatars manch falscher Lehrer und ‹falscher Messias› auftritt. Letztere verfügen über ein umfangreiches esoterisches Wissen unserer Zeit, stehen mit den überirdischen Welten in Verbindung, blenden den Menschen mit bestimmten Fähigkeiten und binden ihn durch die Zielsetzung von Freundlichkeit und Güte immer fester an das sich weiterdrehende Rad von Geburt und Tod. Daß dies alles im Grunde in einer tiefen Unwissenheit wurzelt und irgendwann in der Liebe des Ganzen verschmelzen wird, darf uns nicht davon abhalten, wachsam zu sein. Ja, in der heutigen Zeit ist äußerste Wachsamkeit geboten, eine Wachsamkeit, die nicht von Angst oder Sorge überschattet werden darf. Was wir brauchen, ist eine zunehmende innere Ruhe und das Bewußtsein, daß dort, wo die Finsternis am tiefsten, das Licht am nächsten ist. Wo? In *uns selbst*.

«In einem Lichtmenschen ist Licht, und er leuchtet der ganzen Welt. Wenn er nicht leuchtet, ist Finsternis»,

lesen wir im 24. Logion des *Thomas-Evangeliums*.[16] Wer durch die Gnosis erfährt, daß das *All* aus ihm selbst hervorgeht und er somit nicht irgendeinen *Platz* im All einnimmt, hat das Wesen der Dinge erfahren, ist zum Ungrund aller Dinge vorgedrungen. Er weiß, daß das, was sich im drehenden Rad von Leben und Tod, von Zeit und Raum offenbart, nur das ewige ‹Spiel› (Lîlâ) des *Brahman ohne Eigenschaften,* des unnennbaren Tao, des ‹*Un*grunds› (wie Jakob Böhme es nennt) aller Dinge ist. Auch die Purânas sprechen von diesem ständigen Spiel, das wir als die Wirklichkeit ansehen, das aber im Vergleich zur unergründlichen Wirklichkeit nur trügerischer Schein (Mâyâ) ist.

«Ich bin das All. Das All ist aus mir hervorgegangen und das All ist zu mir zurückgelangt»,

heißt es im 77. Logion des *Thomas-Evangeliums*.[17] Wer aber zu der Nabe des drehenden Rades vordringen will, der muß zuerst die einzelnen Speichen bis ins letzte Detail kennenlernen. Oder wie Lao Tse es im 11. Kapitel des *Tao-Te-King* ausdrückte:

«Dreißig Speichen gehören zu einer Nabe,
doch erst durch das Nichts in der Mitte
kann man sie verwenden.»[18]

Sehen wir uns einige Speichen dieses Rades einmal genauer
an. Unser Sonnensystem beschreibt in zurücklaufender
Richtung seinen Umlauf durch den Tierkreis, den Zodiakus,
mit den Zwölf Tierkreiszeichen.

Die zwölf Tierkreiszeichen sind:
 1. Widder oder Aries   ♈
 2. Stier oder Taurus   ♉
 3. Zwillinge oder Gemini   ♊
 4. Krebs oder Cancer   ♋
 5. Löwe oder Leo   ♌
 6. Jungfrau oder Virgo   ♍
 7. Waage oder Libra   ♎
 8. Skorpion oder Scorpio   ♏
 9. Schütze oder Sagittarius   ♐
10. Steinbock oder Capricornus   ♑
11. Wassermann, Wasserträger oder Aquarius   ♒
12. Fische oder Pisces   ♓

In kosmischer Hinsicht ist der Zodiakus die Bahn, welche
die Himmelskörper in ihrem Umlauf beschreiben; eine kosmische Uhr mit zwölf Stunden. Auf dieser Uhr stellt jedes
Tierkreiszeichen eine ‹Stunde› dar. Makrokosmisch gesehen
durchläuft unser Sonnensystem in 2.160 Jahren ein einziges
Zeichen des Zodiakus bzw. 30 Grad. Die zwölf Zeichen bzw.
die 360 Grad sind erst im 25 920. Jahr durchschritten, dieses
Jahr wird auch das große platonische Jahr genannt. Mikrokosmisch gesehen, finden wir diesen Rhythmus in der Atmung des Menschen wieder. Wir stellten bereits fest, daß der
Mensch als Mikrokosmos ein Spiegelbild des Makrokosmos
ist, in ihm wiederholt sich im Kleinen, was auch im Großen

vorhanden ist. Daher stimmt der kleine Zyklus der menschlichen Atmung mit dem überein, was die Brahmanen und Hindus ‹Brahmâs große Atmung› nennen.

Wenn wir nicht zu stark unter Streß stehen, holen wir in einer Minute circa achtzehn Mal Luft. In zwei Stunden sind das 2160 Mal und in 24 Stunden oder einem Tag: 25 920 Mal (s. o.). In der gleichen Zeit durchläuft die Erde im Kosmos, aus der Perspektive des Atmenden, die zwölf Tierkreiszeichen. – Interessant ist auch die Tatsache, daß unser Herz durchschnittlich 72 Mal pro Minute schlägt und daß die Sonne 72 Jahre braucht, um sich entlang der zodiakalen Bahn um ein Grad fortzubewegen. Eine wundersame Gegebenheit. Diese Atmungsmuster spielen in der Yoga-Wissenschaft eine wichtige Rolle. Bei bestimmten Yoga-Methoden wird mit Hilfe von Atemübungen, Prânâyâmas, versucht, sich über das Ego zu erheben und in der Großen Atmung aufzugehen. Wenn das gelingt, bin nicht ich es, das atmet, sondern Es atmet durch mich.

Dieses zyklische Wissen wurde in der indischen Weisheit sehr tiefgehend verarbeitet (u. a. in den Veden, den Purânas und im Buddhismus). In den Purânas ist z. B. die Rede von den *Tagen* und *Nächten* Brahmâs, was sich auf das Erscheinen der Schöpfung (Manvantara*) bzw. auf deren Auflösung (Pralaya, Sanskrit) bezieht. Die Tage Brahmâs bezeichnen die Aktivität des Alls, die Nächte die Ruhe. Es gibt kosmische Manvantaras und Pralayas (Mahâmanvantaras und Mahâpralayas; Mahâ ist Sanskrit für groß), aber auch planetarische und interplanetarische.

Innerhalb der Manvantaras und Pralayas unterscheidet man kleine, große und sehr große Zeitabschnitte (Yugas, Kalpas und Mahakalpas), in denen sich das zyklische Leben manifestiert und auflöst.

---

* Manu-antara ist Sanskrit für ‹zwischen den Manus›. Ein Manu ist ein Stammvater der Menschheit. Vgl. die Gesetze von Manu.

So versteht man unter einer Kalpa meistens die Periode eines Tages oder einer Nacht Brahmâs und unter einer Mahâkalpa die sieben Tage und Nächte Brahmâs, die auch ein ganzes Leben oder ‹Jahrhundert› genannt werden. Dieser Prozeß des Erscheinens und Verschwindens aller Welten kennt im Grunde weder einen Anfang noch ein Ende. Es ist ein kontinuierlicher Prozeß von Aktivität und Ruhe des Brahmâ, des Alls. Die Schöpfungsmythologien, die ihre Geschichte beginnen mit den Worten ‹Am Anfang› oder ‹Am ersten Tag schuf Gott› meinen nur einen Zyklus im Prozeß des ständigen Entstehens und Vergehens des Alls.

Neuere Erkenntnisse in der Astronomie führen immer mehr zu der Annahme, daß das All wahrscheinlich nicht einmalig entsteht und vergeht (Hawking, Davies, Jantsch).

Um einen guten Einblick zu bekommen in die verschiedenen Zeitspannen, in denen ein Universum oder Leben Brahmâs erscheint und verschwindet, ziehen wir am besten die Purânas zu Rate, die darüber gute Auskünfte geben. In der *Geheimlehre* von H. P. Blavatsky kommt dieses Thema ebenfalls zur Sprache.[19] Das Wissen um das zyklische Dasein gehörte in allen esoterischen Schulen zu den höchsten Graden der Erkenntnis. Daneben wurde auch immer gezeigt, wie man sich von diesem zyklischen Dasein lösen und zur absoluten Befreiung kommen kann.

In der *Bhagavad-Gîtâ* ist über den Tag und die Nacht Brahmâs folgendes zu lesen:

«Die, denen Brahmans Tag bekannt, der tausend Weltenalter währt, – Und Brahmans Nacht, die gerade so lang, – die kennen wahrhaft Tag und Nacht.[20]

Über diese tausend Yugas oder tausend Perioden von vier Weltzeitaltern oder kosmischen Jahreszeiten, aus denen ein Tag Brahmâs besteht, werden in de *Vishnu Purâna* Näheres gesagt. In Kapitel 5 werden wir uns eingehender mit diesen *vier kosmischen Jahreszeiten* befassen. Daß das von uns wahrgenommene Universum vergänglich ist, ist also keineswegs eine moderne Entdeckung der Astronomie. In bezug auf das Entstehen, das Bestehen und das Vergehen des Alls – oder noch besser eines Alls – könnten die Astronomie und die neuere Physik noch eine Menge von der alten Hinduweisheit lernen.

Das stoffliche Universum offenbart sich also in Kreisläufen von Kalpas, und ein Kalpa ist ein Tag Brahmâs. Ein Tag Brahmâs, so heißt es in der *Bhagavad-Gîtâ,* besteht aus tausend Yugas oder Kreisläufen von vier Weltzeitaltern: Satyayuga, Tretâyuga, Dvâparayuga und Kaliyuga bzw. das Goldene, Silberne, Kupferne und Eiserne Zeitalter. Wenn tausend von diesen vier kosmischen Zeitaltern vergangen sind, ist erst ein einziger Tag des Schöpfer-Gottes Brahmâ vorbei. Eine gleiche Anzahl von Kreisläufen gilt für die Nacht Brahmâs.

Zur Veranschaulichung der enormen Zeitdauer, die das zyklische Dasein durchläuft, möchten wir hier gern einige Zahlen nennen: ein Trag Brahmâs, oder eine Periode manifestierten Lebens, dauert 4 320 000 000 Jahre (vier Milliarden dreihundertzwanzig Millionen Jahre). Ein Tag und eine Nacht Brahmâs umfassen also 8 640 000 000 Jahre (acht Milliarden sechshundervierzig Millionen Jahre). Wenn wir jetzt berücksichtigen, daß Brahmâ hundert ‹Jahre› lebt, ergibt das einen Zeitabschnitt von 311 040 000 000 000 Jahren (dreihundertelf Billionen vierzig Milliarden Jahren). Bei solch einer langen Lebensdauer stellt sich leicht der Gedanke an eine Ewigkeit ein. Im Grunde geht es hier jedoch um ein kontinuierliches Dasein, das sich von *Äon zu Äon,* von Zeitalter zu Zeitalter erstreckt; ein Begriff, der in der Bibel fälschlicherweise mit *von Ewigkeit zu Ewigkeit* übersetzt wurde.

Brahman ohne Eigenschaften aber hat mit diesem kontinuierlichen Schöpfungsprozeß nichts zu tun. Im Vergleich zum Urgrund Brahman ist das Leben des Schöpfers *Brahmâ* weniger als ein Blitz, ein Traumbild. Auch ein All ist im Grunde nur eine Schaumkrone auf dem Ozean von Entstehung und Auflösung, und auch Brahmâ als Schöpfer und Lenker eines Universums bleibt letztendlich abhängig von dem Prozeß von Geburt, Krankheit, Alter und Tod (Samsâra), bis er durch vollkommene Erkenntnis und das Aufgeben jeglichen Verlangens (z. B. noch ein All zu schaffen), das Nirvâna, das Aufgehen in absoluten Frieden, erreicht hat. Die Hinduphilosophie besagt, daß Brahmâ, der Schöpfer eines Universums, seine Schöpfung in einem Rhythmus großer und kleiner Zyklen offenbart. Dabei gehen alle Geschöpfe durch einen Schmelztiegel von Entwicklungen und Erfahrungen, bis sie, vollkommen geworden, im *Urgrund,* im Brahman ohne Eigenschaften versinken.

In den 31 Daseinsbereichen, die der Buddha unterschied, werden die Weltzeitalter mit ihrer gewaltigen Zeitdauer näher erläutert in dem Bewußtsein, daß sich die Gestaltungen innerhalb dieses raum-zeitlichen Universums nicht ewig halten können. Denn, so lehrte der Buddha, alles Zusammengesetzte ist vergänglich. Daß Zeit ebenfalls ein relativer Begriff ist, lehrte uns Einstein mit seiner Relativitätstheorie. Was dem Sterblichen wie eine Ewigkeit vorkommt, ist für die Götter ‹nur› ein Tag.

Das Wissen um die Zeitzyklen existierte nicht nur in Indien, sondern auch bei den Maya-Indianern. Und in der Großen Pyramide von Gizeh sind diese Zyklen bis auf den heutigen Tag als lebendiges Monument des alten Einweihungswissens vorhanden, das bis in die Zeit des mythischen Atlantis zurückreicht, über das auch Plato, der von dem ägyptischen Priester Solon eingeweiht wurde, u. a. in seiner *Kritias* spricht.

Auch im Alten Testament ist von unterschiedlichen Perioden die Rede, z. B. in *Genesis 5,* wo es um das Alter der zehn vorsintflutlichen Patriarchen geht. Das jeweilige hohe Alter der Erzväter steht in der esoterischen Zahlentradition, in der die verschiedenen Phasen der Menschheit in den unterschiedlichen Zeitabschnitten zum Ausdruck gebracht wurden.

Doch kehren wir jetzt zu der Umlaufbahn unseres Sonnensystems entlang der zwölf Tierkreiszeichen zurück. – Der Zodiakus ist mehr als nur eine Bahn, an der entlang die Himmelskörper ihren Kreislauf beschreiben. Jedes Tierkreiszeichen stellt auch ein kosmisches Strahlungsfeld dar, mit dem unser Bewußtsein verbunden ist. Bereits in den ältesten Theogonien treffen wir Tierkreiszeichen an.

Es zeigt sich, daß der Tierkreis oder die Tierkreiszeichen in mehr Kulturen vorkommen als eine oberflächliche Wahrnehmung vermuten läßt. Ehe die Astrologie ausartete und zu einem ‹Götzendienst› wurde, stand sie bei den alten Völkern in hohem Ansehen.

So wird im *Buch Job*, Kapitel 9,8–10, schon gesagt:

> «Er ist es (. . .), der den Himmel ausspannt, ganz allein,
> und über die Wogen des Meeres schreitet,
> der das Sternbild des Löwen erschuf sowie den Orion,
> das Siebengestirn und die Kammern des Südens,
> der große Werke schuf, ganz unerforschlich,
> und Wunderdinge ohne Zahl.»

Und in Job 38,31–33 lesen wir:

> «Kannst du die Bänder knüpfen des Siebengestirns
> oder die Fesseln des Orion lösen?
> Läßt du zur rechten Zeit die Hyaden aufgehen,
> leitest die Löwin samt ihren Jungen?»

Im Zweiten Buch der Könige 23,5 wird noch indirekt auf die Verehrung des Tierkreises verwiesen. Die Götzenpriester, die von den Königen von Juda angewiesen worden waren, *auf den Höhen, in den Städten Judas und in der Umgebung Jerusalems Rauchopfer darzubringen,* wurden von dem Hohepriester

Hilkia abgesetzt. Diese Götzenpriester waren schon seit Jahrhunderten für ihre Verehrung des Tierkreises bekannt. Hilkia entmachtete auch jene, *die dem Baal, der Sonne, dem Mond, den Tierkreisbildern und dem ganzen Heer des Himmels Rauchopfer darbrachten*. In manchen englischen Bibeln wird zu dem Satz *der Sonne, dem Mond, den Tierkreisbildern und dem ganzen Heer des Himmels* angemerkt, daß sich dies alles auf den Tierkreis bezieht. Es muß 624 v. Chr. gewesen sein, als König Josia diesem Götzendienst ein definitives Ende setzte. Es handelt sich dabei bereits um eine ausgeartete Anwendungsform der Astrologie.

Im Alten Testament finden sich zahllose Hinweise auf den Tierkreis. Zum Beispiel in Genesis 37,9, wo Joseph seinen Brüdern von einem Traum erzählt: *Die Sonne, der Mond und elf Sterne haben sich tief vor mir verneigt*. Joseph selbst war der 12. Stern. Als Jakob im Sterben liegt und seine zwölf Söhne als Stammväter der zwölf Stämme Israels zusammenruft, beschreibt er jeden Sohn in bezug auf ein Tierkreiszeichen, wenn auch oft mit anderen als den üblichen Zeichen (Genesis 49,1–28).

In der esoterischen Wissenschaft wird öfter auf die Beziehung zwischen den zwölf Jüngern Jesu und den zwölf Tierkreiszeichen hingewiesen. Ein schönes Beispiel dafür ist die Kathedrale von Chartres (deren Bau von Freimaurern begonnen wurde), in der jeder Jünger mit einem Tierkreiszeichen abgebildet ist.

Die astrologischen Beobachtungen der Babylonier und Ägypter sind weltbekannt. Der griechische Schriftsteller Diogenes Laertios (3. Jahrhundert n. Chr.) datiert den Beginn der astrologischen Berechnungen der Ägypter 48 863 Jahre vor Alexander den Großen.

Häufig werden anstatt der Namen der Zwölf Tierkreiszeichen auch zwölf Götter genannt, denen die gleichen Energien zugeordnet werden. Die Chinesen verbanden diese Energien wiederum mit anderen Tieren, wobei nicht außer acht gelassen werden darf, daß jedes Tier eine symbolische Bedeutung hat. So ist das chinesische Tierkreiszeichen des Ochsen, das dem römischen Merkur, dem griechischen Hermes und dem ägyptischen Thoth entspricht, Symbol des göttlichen Bewußtseins. Der Ochse ist nämlich weder männlich noch weiblich und verweist auf den Sieg über die Dualität, auf die Verschmelzung von Yin und Yang. Im Zen gibt es die zehn Suchbilder von der *Suche nach dem Ochsen*, die den Weg zur Erleuchtung versinnbildlichen.

Das folgende Schema zeigt, wie die Götterkreise der Römer, Griechen und Ägypter mit den Tierkreiszeichen übereinstimmen. Der Tierkreis der Chinesen wurde ebenfalls mit einbezogen.[21]

Unser Sonnensystem befindet sich zur Zeit mitten in der Übergangsphase vom Fische- zum Wassermannzeichen. Bevor unser Sonnensystem unter dem Einfluß des Fischezeichens stand, wurde das Bewußtsein des Menschen vom Zeichen des Widders (Aries) und davor vom Zeichen des Stiers (Taurus) beeinflußt.

In vielen mythologischen Geschichten sind diese Einflüsse noch in verhüllter oder symbolischer Form enthalten. Als unser Planet Erde ca. 4000 v. Chr. in den Einflußbereich des Stierzeichens gerät, wird das in den späteren Mythen über den Stier zum Ausdruck gebracht.

Nach dem Auszug der *Juden* aus Ägypten geht der Frühlingspunkt* der Sonne vom Stierzeichen zum Widderzeichen über. Nach der Verehrung des ‹goldenen Stierbildes›, bekannt als das ‹Goldene (Stier)Kalb› (Exodus 32), verschiebt sich der Frühlingspunkt zum Widderzeichen und

---

* Der Frühlings- oder Widderpunkt ist der Punkt auf der Ekliptik, der genau hinter der Sonne steht, wenn diese im Frühjahr den Himmelsäquator überschreitet. Dieser Punkt bewegt sich mit einer Geschwindigkeit von ca. 2160 Jahren pro Tierkreiszeichen rückwärts durch den Tierkreis. Um das Jahr Null hat sich der Frühlingspunkt vom Widder- zum Fischezeichen bewegt.

Tierkreiszeichen		Römer	Griechen	Ägypter	Chinesen
Widder	♈	Minerva	Pallas Athene	Neith	Hund oder Wolf
Stier	♉	Venus	Aphrodite	Nephtys	Schwein
Zwillinge	♊	Phoebus	Phoilos	Horus	Schmetterling
Krebs	♋	Merkur	Hermes	Thoth	Ochse
Löwe	♌	Jupiter	Zeus	Ammon	Tiger
Jungfrau	♍	Ceres	Demeter	Isis	Hase
Waage	♎	Vulcanus	Hephaistos	Ptah	Drache
Skorpion	♏	Mars	Ares	Zom	Schlange
Schütze	♐	Diana	Artemis	Bubastis	Pferd
Steinbock	♑	Vesta	Hestia	Anuke	Ziege
Wassermann	♒	Juno	Hera	Satis	Affe
Fische	♓	Neptun	Poseidon	Nilus	Delphin

steht das Symbol des Widders oder des Lamms im Mittelpunkt, oft in Verbindung mit dem *guten Hirten.*

In *Ägypten,* vor allem in Memphis, wird der heilige Stier
Apis verehrt. Apis stand u. a. in Beziehung zu dem Gott Osiris, und unter dem Namen Serapis (Osiris und Apis) ver-
ehrte man den ‹Stieraspekt› des Osiris.

Im babylonischen *Gilgamesch-Epos,* das auf zwölf Lehmta-
feln in zwölf Gesängen das Epos des Menschen besingt,
lesen wir im sechsten Gesang über den Kampf von Enkidu
und Gilgamesch mit dem *Himmelsstier,* der der Göttin Ishtar
geweiht ist.[22] Nachdem sie den Stier, der eine enge Verbindung mit der Fruchtbarkeit der Erde aufweist, besiegt

43

haben, legten die beiden Helden den toten Körper, aus dem sie das Herz herausgerissen hatten, vor den Sonnengott Schamasch nieder. Das Gilgamesch-Epos zeigt eindeutig, wie die Entwicklung des Menschen mit dem Gang des Sonnensystems durch die zwölf Tierkreiszeichen verbunden ist.

Aus *Griechenland* wurde uns der Mythos über den schrecklichen Minotaurus, halb Mensch, halb Stier, überliefert. Eingesperrt in einem von Daidalos entworfenen Labyrinth, fordert Minotaurus jedes Jahr sieben Jungen und sieben Mädchen als Nahrung. Der Held Theseus ist der einzige, dem es mit Ariadnes Hilfe (Ariadnefaden) gelingt, dieses Monster zu töten. Auch dieser Sonnenmythos zeigt eindeutig, daß ein enger Zusammenhang zwischen dem Weg der Bewußtwerdung des Menschen und dem Einfluß der Tierkreiszeichen besteht.

In dem überaus einflußreichen *römischen* Mithras-Kult, der seine Wurzeln in den indo-iranischen Mysterien hat, nahm das Motiv der ‹Tötung› des Stiers eine zentrale Position ein. Diese Tat ist eng mit dem Übergang des Stierzeichens zum Widderzeichen verbunden. Solche Übergänge sind immer fließend, so daß beim Hereinströmen der Energie eines neuen Tierkreiszeichens der Einfluß der alten Energien noch einige Zeit spürbar ist. Bestimmte Einflüsse, die eigentlich nicht mehr zu einem neuen Tierkreiszeitalter gehören, machen sich manchmal noch lange Zeit hartnäckig bemerkbar. Das bekannteste Motiv des Mithraskults war das ‹Stieropfer›. Die rituelle Tötung des Stiers findet sich in zahllosen ikonographischen Darstellungen *(Abb. 1)*.

Die Mithras-Verehrung war in den ersten Jahrhunderten des Christentums so weit verbreitet, daß sie den aufkommenden Katholizismus bald überflügelt hätte, wenn ‹angemessene Maßnahmen› den Kult nicht innerhalb kürzester Zeit vernichtet hätten.[23]

Bereits in der vedischen Kultur *Indiens* läßt sich eine Beziehung des Stiers Nandi zum Gott Shiva nachweisen. Wahr-

Abb. 1   Rituelle Tötung des Stieres

scheinlich wurde dieser Kult über Persien ins Römische Reich gebracht, wo er sich bis zum Fischezeitalter halten konnte.

Als sich der Einfluß des Stierzeichens verringert und unser Planet ca. 2000 v. Chr. vom Widderzeichen regiert wird, tauchen zwischen 600–500 v. Chr. große Weltlehrer auf, die wir als ‹gute Hirten›, als geistige Führer eines ganzen Volkes ansehen können. In vielen Fällen geht ihr Einfluß über die eigenen Landesgrenzen hinaus, und ihre Lehren werden von den großen Kulturen übernommen oder in bestehende Lehren integriert. Um das Jahr 570 v. Chr. ergibt sich eine überaus seltene Konjunktion, als sich die Bahnen der Mysterienplaneten Neptun, Uranus und Pluto fast gleichzeitig auf dem Schnittpunkt der Zeichen Stier und Zwillinge kreuzen.

Ungefähr zu dieser Zeit treten in Indien der Edelmann *Vardhamâna Mahâvîra*, Begründer des Jinismus, und der *Buddha* in Erscheinung. In China sind es u. a. *Konfuzius, Lao Tse, Lieh Tse* und *Chuang Tse,* die ihren Einfluß geltend machen. Etwa gleichzeitig findet in Persien unter *Zarathustra* eine religiöse Reformation statt; in Palästina sind es Propheten wie *Jesaja, Jeremia, Ezechiel* und *Daniel,* die das Volk Israel zu einer radikalen Wende aufrufen, und in Griechenland begründen *Thales von Milet, Pythagoras, Sokrates* und *Platon* ein völlig neues Denken.

Wenn sich der Frühlingspunkt um das Jahr Null vom Widder zu den Fischen bewegt, ist es *Christus,* der unter dem Symbol des Lamms *(das Lamm Gottes)* die Keimzelle für eine christliche Ära bildet. Unter dem wachsenden Einfluß des Fischezeichens sät Christus als ‹Fisch›, zusammen mit seinen zwölf Jüngern, die ‹Fischer› genannt wurden, den Samen aus für ein *inneres* Verstehen seiner Lehren für all diejenigen, die ‹Ohren zum Hören und Augen zum Sehen haben›.

Fischezeichen wurden in mehreren christlichen Katakomben angetroffen. Christus selbst wurde als göttlicher Avatar

(Inkarnation göttlichen Bewußtseins) oft mit dem Fisch in Verbindung gebracht, wie es auch bei dem Avatar Krishna der Fall gewesen ist.

Vor dem Hintergrund des Verhältnisses Christus–Fischezeichen entwickelte sich fälschlicherweise die Vorstellung, das sakrale griechische Wort ICHTUS, das Fisch bedeutet, sei die Abkürzung für Iesous Chreistos Theou Uios Soter Stauros, was man übersetzen könnte mit: ‹Jesus Christus, Gottes Sohn, Erlöser, Kreuz› (s. auch S. 93). Dies ist jedoch nur eine exoterische Auslegung. Die esoterische Bedeutung geht auf die heidnischen Mysterien zurück und verweist auf die Herabkunft des Geistes der Wahrheit auf Erden (Christos), wenn das ‹Goldene Zeitalter› anbricht. Mit dem ‹Goldenen Zeitalter› ist das Zeitalter gemeint, das nach Kaliyuga bzw. dem Eisernen Zeitalter (582 v. Chr.–2442 n. Chr., s. S. 116) anbricht. In der Übergangsphase vom Widder-(Lamm) zum Fischezeichen stirbt Christus, symbolisiert durch die ‹Schlachtopferung› des Lamm Gottes. Im Fischezeitraum werden seine Lehren von einem orthodoxen Christentum veräußerlicht, dessen Symbol die Mitra in Form eines Fischmauls ist. Das exoterische Christentum läutet eine Phase ein, in der das ‹lebendige Brot›, die innere Lehre, zu ‹Stein› gemacht wird, während Christus selbst ‹Steine› in ‹Brot› verwandelte, um die Macht der damaligen Priesterklasse anzuprangern.

Dennoch wurden zu Lebzeiten Jesu Christi unzählige Samenkörner in die Herzen derjenigen ausgesät, die nach dem Fischezeitalter, im Wassermannzeitalter, für das Verstehen und Verwirklichen seiner Lehre reif sein würden. Weltlehrer verrichten ihre Arbeit nicht für eine einzige Generation, sondern säen auch das, was erst viel später, wenn die Zeit reif ist, geerntet werden kann.

Im Fischezeitraum – der in seiner letzten Phase vor allem gekennzeichnet ist von Materialismus, Kolonialismus, Imperialismus, Existentialismus, Rationalismus, Atheismus, Vorherrschaft von Wissenschaft, Technik und ideologischem Denken (z. B. Kapitalismus und Marxismus), was sich schließlich in zwei grauenvollen Weltkriegen entlud – sehen wir, wie dies alles zu einem totalen Niedergang der Menschheit und ihrer natürlichen Umgebung führt, die sie im Laufe der Jahrhunderte auf allerlei Arten ausgebeutet hat. Die sich christlich nennenden Kirchen, allen voran die katholische, werden dabei mit einem nicht verwirklichten Christentum konfrontiert. Ein Christentum, das für den Philosophen und Historiker Karlheinz Deschner Anlaß war, eine Reihe von überaus kritischen, ja geradezu messerscharfen Büchern zu schreiben, von denen das mehrbändige Werk *Kriminalgeschichte des Christentums* einen hohen Bekanntheitsgrad erreichte. In diesem umfangreichen Werk mit Hunderten von Zitaten und Fußnoten zeigt Deschner auf, wie gnadenlos das orthodoxe Christentum seine Macht im Laufe der Jahrhunderte aufgebaut hat und wie rücksichtslos ‹Ketzer› verfolgt oder ausgerottet wurden.[24]

Natürlich hat das nichts mit dem zu tun, was Christus vorschwebte. Auf das wahre Gesicht des Christentums haben viele Gnostiker und Mystiker immer wieder hingewiesen. Jetzt, da das Wassermannzeitalter täglich an Einfluß gewinnt, tritt hinsichtlich des Macht-Christentums alles zutage, was solange im Verborgenen geblieben ist.

Das Fischezeitalter wurde von Selbstsucht und Materialismus bestimmt. Die damit verbundenen Kräfte werden im aufkommenden Wassermannzeitalter in einer Weise durchbrochen, die für viele nicht sehr angenehm ist. Auch hier gilt, daß jede Erneuerung eine Reaktion nach sich zieht, deren Wellenschläge zuerst abebben müssen. Solange der Mensch sich weigert, den Weg der Erkenntnis zu gehen, wird er weiterhin dem Einfluß der zwölf Tierkreiszeichen ausgesetzt sein. In unserem Gehirn befinden sich nicht umsonst zwölf Gehirnnerven, die unsere Sprache und Herzaktivität steuern und von denen unsere Sinne abhängig sind.

Unsere fünf Sinne, in der Mystik die *fünf Ochsen* (z. B. Meister Eckhart) und in Johannes 4,18 die *fünf Männer* genannt, sind Instrumente, mit denen wir die Welt erkunden können. Wenn sie jedoch von der Kraft der Begierde und des Verlangens dominiert werden – und das ist bei den meisten Menschen der Fall –, gleichen sie staubigen Fensterscheiben, durch die die Wirklichkeit nicht mehr klar wahrgenommen werden kann. So wird unsere Wahrnehmung, unsere Erfahrung, getrübt. Und je stärker wir in den Bann der Sinne gelangen, desto stärker werden sie uns ‹fesseln› anstatt zu dienen.

Auf diese Weise wird der Mensch zum Spielball der unterschiedlichsten Triebe, Begierden und Verlangen, und sein Ego bildet ein starkes Zentrum, das über die Ausstrahlung der Aura ganz und gar in den Einflußbereich der Tierkreiszeichen gerät. Das geistige Licht im Menschen selbst wird nicht erkannt, und die Aufmerksamkeit richtet sich in starkem Maße auf die Außenwelt, der er als eigenständiges Individuum gegenübersteht. Die einzig wirkliche Krankheit des Menschen, die Wurzel aller anderen Krankheiten, ist seine Eigenständigkeit. Solange die falsche Sonne des Egos nicht erlischt, bleiben wir an das unaufhörlich kreisende Rad von Krankheit, Leid und Tod gebunden, wobei die sogenannte *Konstellation der Gestirne* unseren Lebensweg bestimmt und weitgehend in einem Horoskop erkennbar ist.

«Bewußt sind die Sterne weder wohlwollend noch übeltäterisch; sie senden nur positive oder negative Strahlen aus. Weder helfen noch schaden sie dem Menschen an sich, sondern bilden einfach den Kanal, durch den die Gleichgewichtsbeziehungen zwischen Ursachen und Wirkungen, die aus den vergangenen Handlungen hervorgehen, ihren gesetzmäßigen Ausdruck finden.

Ein Kind wird an einem Tag und zu einer Stunde geboren, in denen die himmlischen Einflüsse in mathematischer Harmonie mit seinem eigenen Karma stehen. Sein Horoskop ist ein festgelegtes Bild, das die unabänderliche Vergangenheit und die wahrscheinliche Zukunft entschleiert. Aber nur ein Mensch mit intuitiver Weisheit – und deren sind wenig – kann diese Himmelskarte deuten.»[25]

Daß diese Worte von *Paramahansa Yogânanda* uns nicht sagen wollen, wir sollten uns in unser Schicksal ergeben, zeigt das folgende Zitat:

«Die zum genauen Zeitpunkt der Geburt kraftvoll in den Himmel geschriebene Botschaft ist nicht dazu bestimmt, das Schicksal – Ergebnis guter oder schlechter, in der Vergangenheit vollbrachter Handlungen – zu verstärken, sondern im Menschen den Willen wachzurufen, seinem kosmischen Gefängnis zu entrinnen. Er kann nicht ungeschehen machen, was er getan hat. Niemand außer ihm selbst hat die Ursachenreihe ausgelöst, die nun im Verlauf seines Lebens sich fortschreitend verwirklichen muß. Er kann aber jede Begrenzung übersteigen, weil er sie selbst durch seine Handlungen geschaffen hat, und weil er geistige Hilfen besitzt, die keiner planetaren Macht unterstehen.»[26]

Solange der Mensch gegen irgendein Naturgesetz verstößt, setzt er das Gesetz des Karma (der Konsequenzen des Tuns) in Bewegung, dessen Folgen er ausgesetzt ist. Der Mensch jedoch, der Selbsterkenntnis erwirbt, löst sich von diesem göttlichen Gesetz und entscheidet über sein eigenes Schicksal. Die Tierkreiszeichen stehen makrokosmisch und mikrokosmisch im Dienste der Erfüllung der göttlichen Gesetze. Je intensiver der Mensch die Selbstverwirklichung anstrebt, desto stärker löst er sich von astrologischen Einflüssen. Eine Astrologie, die keinen Einblick mehr in die spirituellen Gesetze des Lebens und in das wahre Ziel des Menschseins hat, erniedrigt sich zu einer gewöhnlichen Form des Okkultismus, die die Abhängigkeit des Menschen vom Gesetz von Ursache und Wirkung eher verstärkt, als daß sie Wege aufzeigt, wie man sich durch Gottverwirklichung über dieses Gesetz erheben kann. Erst indem sie darauf verweist, wird

50

die Astrologie zur Astrosophie* und stellt die Verbindung zur *königlichen Kunst* der Alten wieder her.

Wer den Pfad der Befreiung von allen Ketten des Lebens betritt, wird künftig dafür sorgen, daß Unwissenheit die Zügel nicht mehr übernimmt. Ein solcher Mensch wird nicht länger einem betrunkenen Kutscher ähneln, der den Pferden der Begierde freien Lauf gelassen hat und dadurch nicht mehr weiß, woher er gekommen ist und wohin er geht. Ein solcher Mensch wird – entsprechend der *Bhagavad-Gîtâ* – ein geistiger Kämpfer, ein Arjuna, ein Schütze, der, unter der Führung Krishnas, der leuchtenden, göttlichen Erkenntnis, den Kampf gegen die eigenen ‹Familienmitglieder› (gegen seine Triebe, Begierden und Verlangen) aufnimmt. Er versucht, Herr über seinen Körper zu werden, über ‹die Stadt von Brahmâ›, wie die Hinduphilosophie den Körper nennt.

> «Nicht wer zehnhunderttausend Mann
> Am Schlachtfeld überwältigt hat:
> Wer einzig nur sich selbst besiegt,
> Der, wahrlich, ist der stärkste Held»,

heißt es im Vers 103 aus dem *Dhammapada des Buddha.*[27] War es nicht Paulus, der einmal die Worte sprach: *Kein größerer Feldherr, als der, der sich selbst besiegt?*

Loslösung vom Tierkreis: das Geheimnis des Dreizehnten

«Wenn wir über das, was droben ist, sprechen wollen, so müssen wir mit dem Vater beginnen, der die Wurzel von allem ist. Er ist es, von dem wir die Gnade empfangen haben, sagen zu können, daß er war, bevor irgendetwas anderes als er selbst ins Leben trat.

* Die Wissenschaft von der Weisheit (griech. sophia) der Sterne, die dem Menschen die Erkenntnis der Befreiung vermitteln will.

Der Vater ist eine Einheit, wie die Zahl Eins, denn er ist der Erste, und was er ist, ist sonst niemand.»[28]

Das sind die ersten Sätze des in Nag Hammadi gefundenen *Dreiteiligen Traktats,* benannt nach den *drei Teilen* des Textes, die von Entstehung und Geschichte des Universums handeln, vom Beginn bis zur erwarteten Wiederherstellung aller Dinge.

Der «Vater» ist ‹wie eine Zahl›. Dies verweist auf die alte Weisheit, daß der Kosmos nach ‹Maß und Zahl› aufgebaut und eine Emanation des Unsagbaren und Unsichtbaren ist, des Vaters, welcher der Zahl Null gleichgesetzt wird.

In der Null sind alle Zahlen verborgen. Die Null bildet die Grundlage der Einheit aller Dinge. Zwischen den Ziffern 1 und 10 verstecken sich alle Zahlen, die die Harmonie und den Rhythmus des Alls bestimmen. So wie im farblosen Licht alle Farben verborgen sind, die allein durch Strahlenbrechung sichtbar werden, so sind im Vater alle denkbaren Formen enthalten, die sich durch Änderungen im Rhythmus (in der Schwingung), dem alle Zahlen zugrunde liegen, auf unterschiedliche Art und Weise manifestieren können.

In allen alten Mysterientempeln kannte man die Geheimnisse der Zahlen. Sowohl die Chaldäer, Sumerer, Babylonier, Ägypter, Hebräer, Araber als auch die Griechen waren damit vertraut und wußten, daß jedes Verhältnis im Kosmos, jedes zyklische Geschehen von der Macht der Zahl bestimmt wird.

Der große Weise *Pythagoras* unterrichtete in seiner Mysterienschule in Crotona (Sizilien) u. a. Mathematik, Musik und Astronomie, wobei die Zahlenlehre im Mittelpunkt stand. Pythagoras war in nahezu alle Mysterienschulen seiner Zeit eingeweiht.

In Ägypten (u. a. Memphis) erhielt er vom Hohepriester

Sonchis das Wissen über die Macht der Zahlen und wurde in die höhere Magie eingeführt; in Babylon übergaben u. a. die persischen Magier, Nachfolger Zarathustras, ihm den Schlüssel der babylonischen und persischen Weisheit. Weiteres Wissen erwarb er in Syrien (Adonismysterien), Phönizien, Indien (brahmanische Lehren) und Griechenland (Mysterien von Eleusis). Das Wesen seiner Lehre finden wir noch in den *Goldenen Versen* von Lysis, in den Erläuterungen von Hierokles, in Abhandlungen von Philolaos und Archytas und vor allem in *Platons Timaios,* das die Schöpfungslehre des Pythagoras enthält.[29] Auch in *Platons Phaidon,* einem Dialog zwischen Echekrates und Phaidon über die Seele, steckt ein Rest von Pythagoras' Lehre der ‹heiligen Zahlen›.[30]

Zahlen sind im Grunde der Ausdruck von Schwingungen, die aus einer einzigen Urkraft hervorgehen. Diese Urkraft (vl. das Buch *Urkraft* des Physikers Paul Davis) wird in den verschiedenen Religionen jeweils mit von Gott abgeleiteten Namen versehen. – *Inayat Kahn* beschreibt diese Schwingungen wie folgt:

«Das absolute Leben, aus dem alles entstanden ist, was gefühlt, gesehen und wahrgenommen wird, und in dem alles zu seiner Zeit aufgehen wird, ist schweigendes, bewegungsloses und ewiges Leben und wird von den Sufis *Zat* genannt.

Jede Bewegung, die aus diesem schweigenden Leben entspringt, ist eine Schwingung und erzeugt Schwingungen. Eine Schwingung erzeugt viele Schwingungen; ebenso wie Bewegung Bewegung verursacht, wird das schweigende Leben gleichsam teilweise aktiv und erschafft in jedem Augenblick mehr und mehr Aktivität, wodurch der Friede des ursprünglich schweigenden Lebens verloren geht.

Durch den Grad der Aktivität dieser Schwingungen sind die verschiedenen Ebenen des Daseins bedingt.»[31]

In der dritten Strophe aus dem *Buch von Dzyan**, Vers 1–4, wird nach einem Pralaya das erneute Erwachen des Alls durch Schwingungen wie folgt beschrieben:

«...Die letzte Schwingung der siebenten Ewigkeit durchdringt die Unendlichkeit. Die Mutter schwillt und breitet sich aus von innen nach außen, wie die Knospe des Lotus.

Die Schwingung breitet sich aus, sie berührt mit ihrem raschen Flügel das ganze Weltall und den Keim, der in der Dunkelheit wohnt, der Dunkelheit, die über den schlummernden Wassern des Lebens atmet.

Die Dunkelheit strahlt das Licht aus, und das Licht sendet einen einzelnen Strahl in die Wasser, in die mütterliche Tiefe. Der Strahl durchdringt das jungfräuliche Ei, der Strahl macht das ewige Ei erzittern und den nichtewigen Keim hervorbringen, der sich zum Weltenei verdichtet.

Die drei (das Dreieck) fallen in die vier (Vierheit). Die strahlende Wesenheit wird sieben nach innen, sieben nach außen. Das leuchtende Ei, das in sich selbst drei ist, gerinnt und verbreitet sich in milchweißen Flocken durch die Tiefen der Mutter, der Wurzel, die in die Tiefen des Ozeans des Lebens hineinwächst.»[32]

Die Schwingung wird im Johannesprolog (1,1–5) als das *Wort* beschrieben:

«Im Anfang war das Wort,
und das Wort war bei Gott,
und Gott war das Wort.
Dieses war im Anfang bei Gott.
Alles ist durch dieses geworden,
und ohne es wurde auch nicht eines von dem,

---

* Dzyan geht auf Sanskrit ‹Dhyâna› zurück, welches Meditation bedeutet. Im Chinesischen heißt es ‹Ch'an›. Dhyâna ist auch die allgemeine Bezeichnung für die esoterischen Schulen und ihre Philosophie. Das ‹Buch des Dzyan› bezieht sich auf das durch Meditation erworbene Wissen des Selbst. Den Kern dieser Lehren findet man in zahllosen Sanskrit-Handschriften.

was geworden.
In ihm war das Leben,
und das Leben wird das Licht der Menschen.
Das Licht leuchtet in der Finsternis,
und die Finsternis hat es nicht ergriffen.»

In dem Buch *Poimandres* des *Corpus Hermeticum** bittet Hermes Trismegistos den ‹Geist der höchsten Macht› um folgendes: «Ich will das Seiende kennenlernen und seine Natur verstehen, und ich will Gott erkennen.»

Poimandres antwortet darauf:

«‹Ich weiß, was du begehrst, und ich bin allenthalben bei dir.› ... ‹Behalte in deinem Geist, was du lernen willst, und ich werde es dich lehren.›

Nach diesen Worten veränderte sich sein Aussehen; sogleich und in einem Augenblick war mir alles geöffnet, und ich schaute eine grenzenlose Vision. Alles war helles und heiteres Licht geworden, und ich verlangte heftig danach, als ich es sah. Nach einer Weile aber trat an einer Stelle eine furchtbare, entsetzliche Finsternis auf und zog sich herunter, spiralenförmig geringelt, so daß es mir wie eine Schlange erschien. Dann verwandelte sich das Finstere in etwas Feuchtes, das unsagbar verworren war und Rauch von sich gab wie von Feuer und einen unbeschreiblich klagenden Laut ausstieß. Danach entsandte es einen unartikulierbaren Schrei, der Stimme des Feuers vergleichbar. Aus dem Licht aber... kam ein heiliges Wort über die Natur, und ein unvermischtes Feuer schoß aus der feuchten Natur nach oben in die

---

* Das *Corpus Hermeticum* ist eine in Alexandrien entstandene Sammlung von 17 griechischen Dialogen aus dem 2. und 3. Jahrhundert n. Chr. Es sind Abhandlungen in Form von Dialogen zwischen Hermes Trismegistos und einem Schüler. Das *Corpus* wurde im Auftrag von Cosimo de Medici von Ficino übersetzt und erschien 1471 unter dem Titel ‹Pimander› (nach dem ersten Traktat Poimandres). Die Abhandlungen haben sich bis in unsere Zeit ihren großen Einfluß bewahrt. Poimandres ist der göttliche Geist, ‹der Geist der höchsten Macht›.

Höhe; das war leicht und scharf und zugleich wirkungskräftig, und die Luft, die leicht war, folgte dem Feueratem; sie stieg von der Erde und dem Wasser bis zum Feuer auf, so daß sie von ihm herabzuhängen schien.»[33]

Poimandres erklärt, daß dieses Licht der Geist ist, «dein Gott, der vor dem Feuchten war, das aus der Finsternis erschien». Das Wort, das aus dem Licht hervorgeht, ist «Gottes Sohn». Beide bilden eine unzertrennliche Einheit, wie Denken und Sprechen. Der Geist enthält, so Poimandres, alle archetypischen Formen, und der Geist, der ‹Leben und Licht› ist, männlich und weiblich, brachte durch ein Wort einen weiteren Geist, den ‹Weltschöpfer›, hervor, der aus Feuer und Luft «sieben Verwalter» erschafft, die «in Kreisen den wahrnehmbaren Kosmos umfangen». Ihre «Verwaltungstätigkeit» wird «Schicksal» genannt.

In Platons *Timaios* lesen wir dazu:

«Doch das Übergewicht verlieh er dem Umlauf des ‹Selben› und Ähnlichen; denn ihn allein ließ er ungespalten, den inneren dagegen spaltete er sechsmal in sieben ungleiche Kreise, jede nach den Abständen des Zwei- und Dreifachen, deren je drei sind, und gebot den Kreisen, sie sollten in einander entgegengesetzter Richtung gehen, an Geschwindigkeit aber sollten drei gleich, die vier übrigen jedoch voneinander und den dreien zwar verschieden, aber doch nach einem *berechenbaren* Verhältnis laufen.»[34]

Für Aristoteles, Schüler Platons und Eingeweihter in die pythagoreische Weisheit, war die Zahl die Grundlage für die Vielfalt der Phänomene. Klang, Farbe, Form, all diese Elemente enthalten eine Zahl, die von Schwingung und Wellenlänge bestimmt wird.

Daß die Macht der Zahl das Zustandekommen des Alls wesentlich beeinflußt hat, zeigen die alten Schöpfungsberichte der Mysterienschulen. In allen Mysterienschulen kannte man das Geheimnis der heiligen Zahlen, welche die Schöpfung bestimmen. Dem Kandidaten der Einweihung wurden die esoterischen Auffassungen der Zahlen enthüllt, für die Masse blieben und bleiben diese Zahlen oft ebenso rätselhaft wie der Inhalt eines Schöpfungsmythos.

In der Zahlenlehre der *Kabbala* wurde die esoterische Bedeutung der Zahl detailliert ausgearbeitet, vieles davon findet sich auch in der Numerologie, der Lehre der Zahlensymbolik, wieder. So ist z. B. in den meisten Schöpfungsberichten – besonders in den Schöpfungsgeschichten der Mysterienschulen – von einer göttlichen *Trinität* die Rede. In Indien nehmen Brahmâ, Vishnu und Shiva eine wichtige Position ein. In Ägypten sind es Osiris, Horus, Isis. Griechenland kennt Ouranos, Zeus und Gaia. Norwegen Freyr, Balder und Freya. In der christlichen Religion kennen wir den Vater, den Sohn und den Heiligen Geist, wobei das weibliche Element, die weibliche Emanation Gottes, von männlichen ‹Würdenträgern› verdrängt wurde. Als Jesus sich an den Vater wendet, ruft er, wie wir in der *Pistis Sophia* lesen können, drei Wörter (Mein Vater, Du Vater aller Väter, Du unermeßliches Licht).[35]

Im Mittelalter kannte man noch die *Septem Artes Liberales,* die sieben freien Künste, die gemäß dem siebenfachen Prinzip von Makrokosmos und Mikrokosmos aus *sieben Wissenschaften* bestanden: Grammatik, Rhetorik, Dialektik, Geometrie, Musik, Arithmetik und Astronomie. Der Einfluß des Pythagoreischen Ordens ist in diesen freien Künsten noch unverkennbar vorhanden. Die ersten drei Wissenschaften wurden das *Trivium* genannt und bildeten die Unterstufe des mittelalterlichen Gymnasiums. Die übrigen vier Künste wurden *Quadrivium* genannt und bildeten die Oberstufe. Zusammen stellten sie die *Facultas Artium Liberalium* dar, die vorbereitende philosophische Fakultät der mittelalterlichen Universität, deren *Rector magnificus* (Lat. ‹erhabener Lenker›), im Gegensatz zum heutigen Hochschulrektor, ein Eingeweihter war.

Vor allem bei den Druiden, mit denen die Römer und die aufkommende christliche Kirche in ihrer Unwissenheit bezüglich der druidischen Mysterien kurzen Prozeß machten, ist diese heilige Dreiteilung (Triade) auf allen Ebenen vertreten.[36] Im gleichwinkligen Dreieck zeigt sich noch das universelle Symbol des Schöpfer-Gottes, der das Universum als Zweiheit (Mann-Frau; vgl. den Elohim aus der jüdischen Schöpfungsgeschichte[37]) in vollkommener Harmonie erschaffen hat. Daher wurde die Große Pyramide in Gizeh auf einer quadratischen Grundfläche mit vier Dreiecken gebaut. Das Quadrat verweist auf die vier Elemente (Wasser, Luft, Erde und Feuer), durch die sich die Schöpfung manifestiert hat. Es ist aber zugleich Symbol der Allgegenwärtigkeit Gottes in Zeit und Raum (vgl. den *vierköpfigen Brahmâ*).

Die Große Pyramide ist ein perfektes Symbol des Universums, nach dem richtigen Maß und aus der richtigen Zahl heraus gebaut. Sie enthält eine Zusammenfassung aller zeitlichen Zyklen und verweist insbesondere auf die großen Veränderungen unserer Zeit. Als die alten Gnostiker sagten, ihr *Gebäude der Weisheit* basiere auf dem Quadrat, meinten sie damit *Sigé* (Schweigen), *Bythos* (Tiefe), *Nous* (Erkenntnis) und *Aletheia* (Wahrheit). Auch die *Fama Fraternitatis* (1614) verweist auf dieses Gebäude.[38] In diesem Manifest, das u. a. von der Entstehung der *Bruderschaft des Rosenkreuzes* handelt, erfahren wir Näheres über das Grabgewölbe von Christian Rosenkreutz, dem legendären Begründer dieses Ordens und zugleich Symbolfigur des esoterischen Christentums.

Dieses Grabgewölbe mit den sieben Seiten und Ecken, den Kreisen, Dreiecken und dem Quadrat zeigt uns, wie schon Platons *Timaios,* daß Maß und Zahl der Schöpfung des Kosmos zugrundeliegen.[39] Addieren wir die Zahlen 3 und 4, ergibt das die Zahl 7, die in vielen Religionen eine ganze oder heilige Zahl genannt wird. Wir finden diese Zahl in den sieben Schöpfungstagen wieder, in den sieben Wochentagen, den sieben Chakras, der aus sieben Rohrpfeifen bestehenden Flöte des Gottes Pan (das griechische Wort ‹Pan› bedeutet ‹alles›), der siebentönigen Flöte Krishnas und in Orpheus' Leier mit den sieben Saiten. Die Flöte mit sieben Pfeifen und die Leier mit sieben Saiten symbolisieren den universellen Schöpfungsrhythmus, den wir auch in Pythagoras' Vision über *die Harmonie der Sphären* antreffen.

Die Zahl 5 ist in der spirituellen Alchemie mit der *quintaessentia* verbunden, dem fünften Element (Äther), aus dem die vier anderen Elemente entstanden sind. In der alten Weisheit steht oft geschrieben, daß die menschliche Seele aus Äther(atomen) bestehe und in einem aus vier Elementen aufgebauten Körper in Erscheinung trete. Im Symbol des Pentagramms, des fünfeckigen Sterns, verbargen die Gnostiker das Geheimnis der Transformation der fünf Sinne, durch die der ‹neue Mensch› erweckt werden kann. In der katharischen Grotte von Bethlehem im Montagne Sacré nahe Tarascon befindet sich noch ein in den Felsen gehauener Drudenfuß.

Die Zahl 9 ist ebenfalls eine besondere Zahl. Wenn man diese Zahl mit einer beliebigen Ziffer multipliziert, ergibt die Summe immer 9. Schreiben wir die Zahlen 1 bis 9 nebeneinander und darunter die umgekehrte Reihe, ergibt die Addition immer wieder die Zahl 10, Symbol der vollkommenen Offenbarung Gottes, der in seiner Emanation männlich und weiblich ist. Esoterisch gesehen, besteht die 10 aus der 1, Symbol des Phallus, und der 0, Symbol des Ovums (Ei).

$$1 \quad 2 \quad 3 \quad 4 \quad 5 \quad 6 \quad 7 \quad 8 \quad 9$$
$$9 \quad 8 \quad 7 \quad 6 \quad 5 \quad 4 \quad 3 \quad 2 \quad 1$$

Im Hebräischen, das nur Konsonanten kennt, wird das Wort Adam als ‹adm›* geschrieben. Kabbalistisch hat es mit der

---

* Das a bezeichnet hier den (stummen) Konsonanten alef und nicht den

Zahl 9 zu tun. Wenn in der *Apokalypse* die 144 000 Gezeichneten erwähnt werden, ist damit *die gesamte Menschheit* gemeint, die irgendwann die vollkommene Befreiung erfahren wird (1 + 4 + 4 = 9. Die drei Nullen verweisen auf die göttliche Emanation des Menschen). Die Griechen hatten die Zahl 9 den Musen geweiht und sprachen in diesem Zusammenhang von einer ‹Enneade›, einer Sammlung von neun Elementen. Im alten Athen war der Ennea-Krounos, der Brunnen mit den neun Quellen, ein Symbol des sich überall offenbarenden göttlichen Lebens. *Plotin* (3. Jahrhundert n. Chr.), der von der persischen und indischen Weisheit (u. a. Zarathustra und den Upanishaden) beeinflußt worden war, arbeitete in den *Enneaden* seine auf Plato zurückgehende Philosophie aus. In der Schrift *Über die Achtheit und Neunheit*, einem hermetischen Text aus den Nag-Hammadi-Funden mit eindeutig ägyptischen Mysterieneinflüssen (Hermopolis und Heliopolis), weist Hermes Trismegistos einen Einweihungskandidaten in das geheime Wissen ein und bringt ihn zu einer ekstatischen Erfahrung der Achtheit und der Neunheit, der göttlichen Spären.[40]

So wie die Eingeweihten *zwölf* Gebote kennen, die Masse aber nur *zehn*, so sind auch die *zehn* Tierkreiszeichen nur eine exoterische Auffassung der ursprünglichen *zwölf* Tierkreiszeichen, die von den Eingeweihten der Tempel esoterisch verstanden wurden. Die beiden zusätzlichen Gebote bezogen sich auf Ehe und Sexualität (Fortpflanzung). Die Eingeweihten der inneren Kreise lebten und leben zölibatär, d. h. daß sie die sexuelle Energie auf natürliche Weise umsetzen und für den Prozeß der Selbstverwirklichung gebrauchen, wodurch geistige Fähigkeiten (Siddhis) freigesetzt werden. Das Wort Zölibat, das aus dem lateinischen Wort *coelus*, Himmel, und dem griechischen Wort *batein*, eheli-

Vokal ‹a›, der im Hebräischen zwar ausgesprochen, aber nicht geschrieben wird.

chen, besteht, bezieht sich auf das, was z. B. Jesus *das Himmelreich* nannte, einen Bewußtseinszustand, der sich über jede Form von Dualität erhebt. Die äußeren Ehegesetze der zehn Gebote werden auf esoterischer Ebene also um zwei weitere Gesetze ergänzt. Hinsichtlich des Tierkreises kann gesagt werden, daß es die Griechen waren, die das Zeichen *Scorpio* (Skorpion) zum ersten Mal teilten. Das mystische Zeichen symbolisiert u. a. das Geheimnis der Sexualität und die mystische Vereinigung des Menschen mit dem Göttlichen. Daraus ergab sich als neues Zeichen *Virgo,* die Jungfrau, die die reine Empfängnis symbolisiert. Für die Eingeweihten bedeutete das u. a.: Sexualität ausschließlich zum Nutzen der Fortpflanzung, wobei bewußt eine bestimmte Entität (Bewußtseinsenergie) angezogen wurde. Das Zeichen *Libra,* Waage, wurde hinzugefügt, um anzuzeigen, wie das Verhältnis zwischen den Geschlechtern hinsichtlich des zyklischen Geschehens von Sonnen- und Mondstand sein sollte. Bevor die alten Kasten, z. B. in Indien, degenerierten, war dieses Wissen bekannt und kamen Ehen u. a. durch den Einfluß seriöser Astrologen, die zugleich Weise waren, zustande.

Kenntnisse über den Tierkreis sind bei allen Völkern vorhanden, ebenso wie die Auffassung, daß die Sterne und deren Konstellationen großen Einfluß auf die Erde und die Menschen haben.

In *Richter 5,20* wird erzählt, wie die Sterne vom Himmel aus gegen den Heerführer Sisera kämpften. Der Tierkreis war bei den Chaldäern, Phöniziern, Ägyptern, Persern, Chinesen und Hindus von jeher ebenso gut bekannt wie bei den Indianern Zentral- und Nord-Amerikas (Azteken, Tolteken, Mayas), wenn auch im Gebrauch von Mustern, Namen und Zahlen Unterschiede auftraten.

Das Wort Zodiakus entstammt dem Griechischen *zodiakos,* was ‹Kreis von Tieren› (das griechische Wort ‹zodion› bedeutet ‹Tier›) heißt. Es waren die Griechen, die den Zodiakus in zwölf Abschnitte, auch *Häuser* des Zodiakus genannt, teilten. Auf ihrer jährlichen Pilgerfahrt durchschreitet die Sonne diese Zeichen in einer Rückwärtsbewegung. In die verschiedenen Gestirngruppen projizierte man Tiergestalten, die von Rechtecken begrenzt wurden. Die Gestirngruppen kennen wir als Konstellationen oder Zeichen des Tierkreises.

In der Antike symbolisierten Tiere nahezu immer göttliche Eigenschaften. Der Falke des ägyptischen Gottes Horus z. B. stellt u. a. das göttliche Schauen dar. Esoterisch gesehen sind die zwölf Tiere auch die zwölf Fähigkeiten des göttlichen Lichtes selbst.

Die Hirten in den alten Überlieferungen, die diese Tiere beim Hüten ihrer Herden nachts am Firmament sahen, sind die Eingeweihten, die ihr Wissen auch in dunklen Zeiten vor der Masse verborgen halten. Bis auf den heutigen Tag sind sie immer bereit, ihr Wissen jemandem mitzuteilen, der reif dafür ist. An gutem Willen mangelt es dabei nie. Dennoch gibt es nur wenige, die über ein offenes Ohr und die erforderliche geistige Reife verfügen.

Die Zahl 12 ist in jeder Hinsicht eine besondere Zahl. Sie bezieht sich vor allem auf die raum-zeitliche Manifestation des Schöpfer-Gottes, des Universums. Das Universum selbst verweist auf das Eine. Das lateinische Wort Universum setzt sich aus den Wörtern *unus* (ein) und *verto* (richten auf, wenden zu) zusammen. Um zum Unsichtbaren, zum Ungrund – oder wie z. B. Meister Eckhart es nennt, zur *Gottheit* – vordringen zu können, muß die zwölffache Manifestation transzendiert werden.

Schon *Platon* beschreibt in seinem *Timaios,* daß die Gottheit selbst dem Universum die Form zwölf gleicher, regelmäßiger Fünfecke gab. Für Platon ist das sichtbare Universum die Widerspiegelung einer ideellen Abstraktion. Auf der Grundlage der Weisheiten von Pythagoras und Sokrates lehrte Platon auch, daß die zwölf regelmäßigen Fünfecke oder das Dodekaeder die Quintessenz aller zusammengesetzten Formen ist, von der allergrößten bis hin zur allerkleinsten. Von der Gottheit gehen zwölf Strahlen aus. In der Kabbala ist exoterisch von den *zehn* Sefiroth die Rede, während esoterisch von *zwölf* Sefiroth gesprochen wird. Die zwei Sefiroth, die meistens unerwähnt bleiben, beziehen sich auf das Entstehen und Vergehen von Formen und auf Neptun und Uranus.

In der Parzival-Geschichte, die eine enge Verbindung mit dem Bewußtseinsgang der Menschheit durch die zwölf Tierkreiszeichen aufweist, erscheint der Gral exakt in einem Kreis von 24 Lichtern, als Symbol des unergründlichen Lebens, das in allen Tagen und Nächten der Offenbarung (Manvantaras und Pralayas) als anfangloses Licht vorhanden ist. In seinem Buch *Weltgeschichte im Lichte des heiligen Gral. Das große neunte Jahrhundert* weist Dr. Walter Johannes Stein darauf hin, daß diese 24 Lichter die ‹24 Ältesten mit den Lilienkränzen› sind[41], von denen auch Dante in seiner *Göttlichen Kommödie* (purgatorio, 29. Gesang, Vers 82) spricht.[42] Die ‹Ältesten› sind die Emanationskräfte des immerwährenden Lichtes. Sie behalten ihre göttliche Potenz 24 ‹Stunden› bei, also an allen kosmischen Tagen und Nächten. Die Brahmanen sprachen von jeher über ‹das Licht im Licht›. Die zwölf Zeichen des Tierkreises spiegeln im Grunde ein kosmisches Schöpfungsgesetz wider. Wer die zwölffache Manifestation des Kosmos transzendiert, indem er den Pfad der Befreiung vom zyklischen Dasein geht, wird vereint mit dem ‹Urlicht›, mit der Stille, aus der das Wort nach einem Pralaya Mal für Mal entspringt.

In der griechischen Mythologie ist das Thema der Befreiung vom zyklischen Dasein u. a. sehr treffend im Mythos über die zwölf Arbeiten des Herakles zum Ausdruck gebracht worden. Erst nach Vollendung der zwölf Arbeiten, die ebenfalls in enger Beziehung zum Lauf der Sonne durch den Tierkreis stehen, kann er zum *Dreizehnten*, zum ‹Urlicht›, zu Zeus vordringen. Zeus hat seinen Sitz auf dem Olymp, Symbol des allumfassenden Bewußtseins. In sämtlichen alten Weisheiten ist der Berg, und der Berggipfel im besonderen, Symbol der Gottverwirklichung, der Erleuchtung. Nicht umsonst hielt der Buddha am Geierkulm einige wichtige Lehrreden und ist bei Jesus und Hermes von einer *Bergpredigt* die Rede. In der Alchemie kennt man den *Mons Philosophorum*, den Berg der Philosophen. Der Name Zeus ist mit dem arischen Djêus verwandt und taucht bei den alten Germanen als Ziu, bei den Skandinaviern als Tur (Thor) und bei den Angelsachsen als Tiw* auf. Sein Name bedeutet *Licht* und hat auch etwas mit dem lateinischen Wort *dies* zu tun, das (Tages)Licht bedeutet. Sein Name weist außerdem eine Verwandtschaft zum lateinischen Wort *deus* auf, das mit Gott übersetzt wurde. Im Johannes-Prolog wird das Licht Gott noch gleichgestellt.

Die erste Arbeit, die Herakles verrichtet, steht im Tierkreiszeichen des *Löwen*. Er muß den *Nemeischen Löwen* töten. Der Mythos von Herakles verweist auf die zwölf Entwicklungsphasen der Menschheit als Ganzes, aber auch auf die zwölf heldenhaften Taten, die der Kandidat der Einweihung individuell leisten muß, um die zwölffache Manifestation des raum-zeitlichen Lebens zu überwinden. So deutet die sechste Arbeit, das Reinigen der Rinderställe des Königs Augias, auf das Reinigen des eigenen Körpers hin, auf das ‹Ausmisten› von allem, was man im Laufe der Zeit hinterlassen hat. Die zwölfte Arbeit, das Bändigen des Höllenhundes Kerberos, weist auf das Bezwingen aller niederen, tierischen Instinkte hin, die im dunklen Unterbewußtsein vorhanden sind. Die zwölf Werke des Herakles gipfeln im *Dreizehnten*, in Zeus selbst, in der Erleuchtung des Menschen. Damit hat sich der Mensch endgültig vom Einfluß der Sterne gelöst und ist Herr über alle Manifestationen des Daseins geworden.

---

* Auf Tiw geht das altenglische Wort Tiwesdeay zurück, das ‹Tag des Djêu› bedeutet. Vgl. auch Tuesday.

Wichtiger als ein tiefgehendes Wissen der Astrologie ist das Betreten des Pfades der Befreiung, eines Pfades, zu dem man letztendlich selbst werden muß. Oder wie der Mahâyâna-Text *Die Stimme der Stille* sagt:

«Du kannst auf dem Pfade nicht vorwärts schreiten, ehe du nicht selbst zum Pfade geworden bist.»[43]

Ein anderes Beispiel, das zeigt, wie der Mensch die raumzeitlichen Gestaltungen überwinden kann, finden wir im *Odysseus* von *Homer*. Auch in dieser Geschichte nimmt die Zahl 12 eine zentrale Position ein. Mit zwölf Schiffen führt die Fahrt des Helden Odysseus an zwölf Orten vorbei, bis er endlich ‹heim›kommt nach Ithaka. Dieses ‹Heim›kommen ist das Wiedergewinnen – aber jetzt auf einer vollkommen bewußten Ebene – der *ursprünglichen Natur,* die in der Parabel des verlorenen Sohnes *Vater* genannt wird.

Als Odysseus am Ende seiner Irrfahrt durch die Welt der Erscheinungen seine ursprüngliche Natur wiedergewonnen hat, liefert er den *königlichen* Beweis, daß er als einziger in der Lage ist, den königlichen Bogen, ein Geschenk seines Freundes Iphitos, zu spannen. Der Bogen ist das Symbol geistiger Überlegenheit, eine Eigenschaft, die wir auch beim Schützen Arjuna in der *Bhagavad-Gîtâ* antreffen, und bei dem jungen Prinzen Siddharta, dem es bei einem Wettkampf im Bogenschießen als einzigem gelingt, den Tempelbogen am Sinhahänu zu spannen. Dadurch ist er in der Lage, die Edelmänner Nanda und Ardjuna, und seinen Neffen Dewadatta, die auch um die Hand seiner zukünftigen Frau werben, zu besiegen. Odysseus ist in geistiger Hinsicht ein Gigant, der Prototyp eines Menschen, der auf dem Weg zur Erleuchtung unermüdliche Ausdauer zeigt. Deshalb ist er in der Lage, den Pfeil durch die runde Öffnung von *zwölf* hintereinander aufgestellten Äxten zu schießen (ein Plan, den Pallas Athene sich ausgedacht hatte).[44]

Der Tierkreis kennt zwei sogenannte Solstitialtore, zwei
‹Punkte›, an denen die Sonne ihre größte Deklination* erreicht, Solstitium oder *Sonnenwende* genannt. An diesen
Punkten erfolgt jeweils die Umkehr in der Deklinationsbe-
wegung der Sonne, die dann wieder zum Äquator zurück-
kehrt. Das eine Solstitialtor ist das ‹Tor der Menschen›, das
auf der nördlichen Halbkugel am 21. Juni erreicht wird (Som-
mersonnenwende – Krebs). Das zweite Solstitialtor ist ‹das
Tor der Götter›, das auf der nördlichen Halbkugel am 22. Dezember erreicht wird (Wintersonnenwende – Steinbock).

Wer den Pfeil durch die zwölf ‹Äxte› schießen kann, kennt
alle Erfahrungen des Seins und kann durch das ‹Tor der Götter› hindurchgehen. Er kann die gesamte Welt der zusammengesetzten Erscheinungen hinter sich lassen, auch seine
eigene zusammengesetzte Form, um aufzugehen in das Unsagbare, den Urgrund, das Brahman-ohne-Eigenschaften,
das Nicht-Sein, aus dem alle raum-zeitlichen Manifestationen rhythmisch als ‹Tage und Nächte Brahmâs› zum Vor-
schein treten. Ein solcher Mensch hat sich über jegliche Dualität erhoben, ist ein Ein-Geborener und befindet sich in
einem Zustand zeitloser Freude und zeitlosen Friedens. Er
hat vor dem ‹Tor der Götter› nicht halt gemacht, in der Annahme, die Götter seien unsterblich, sondern betritt den Urgrund des Seins, mit dem er sich endgültig vereinigt.

In der Mythologie und Esoterik gibt es zahllose Beispiele,
die lehren, wie wir uns über *jede* Gestaltung erheben können. Dabei zeigt sich immer wieder, daß eine wirkliche Befreiung nur möglich ist, wenn man sich von den Einflüssen
des Tierkreises löst, eine Transzendierung, die im Geheimnis des *Dreizehnten* gipfelt.

Die Zahl 13 war für den eingeweihten Menschen schon

---

* Deklination: die Entfernung vom Mittelpunkt eines Himmelskörpers
zum Äquator, gemessen entlang einem Kreis, der durch die Himmelspole
hindurchgeht.

immer die Zahl der Vollendung und des Glücks. Es ist die Zahl, die den zwölf Phasen der Einweihung, den *zwölf Arbeiten* folgt. Für den Menschen, der der Kraft dieser Zahl auf unwürdige Weise begegnet, ist es eine Unglückszahl. Die 13 hat sich allmählich zu einer unerwünschten Zahl entwickelt, was sich z. B. darin ausdrückt, daß man Hotelzimmer mit der Nummer 13 meidet und am 13. eines Monats lieber keine Termine macht.

Bis zum Ende des 4. Jahrhunderts wurde der 13. Tag, der auf die *zwölf heiligen Nächte* ab dem 25. Dezember folgte, noch als das Fest der Erscheinung Christi (Epiphanias; Dreikönige) gefeiert. An diesem Tag feierte man auch die Geburt Christi, verbunden mit der Verehrung der drei Weisen, der drei Magier.

Der Anthropologe Sir James George Frazer führt in seinem Buch *The goulden Bough* mehrere Völker an, die in den zwölf Tagen zwischen Weihnachten und Epiphanias allerlei Rituale durchführten, um die Kräfte des Bösen abzuwehren. Dabei hielt man die Nacht vor Epiphanias als besonders geeignet.[45]

In der Kabbala ist es die Zahl 13, durch die Jahve dem Kosmos Gestalt verleiht.

In der christlichen Symbolik steht die Zahl 13 für Christus selbst. In der frühchristlichen Malerei z. B. wird Christus oft mit seinen zwölf Jüngern dargestellt.

In einem Holzschnitt aus dem Jahre 1510 stellte Albrecht Dürer, unter dem Einfluß der hermetischen Philosophie, Christus mit seinem zwölf Jüngern auf ganz besondere Weise dar. Als Ersatz für Judas, der Selbstmord beging, sehen wir Lazarus, der seinen Kopf in den Schoß des Heilands gelegt hat. Lazarus symbolisiert hier den in Christus auferstandenen Menschen, den Menschen, der nach dem zwölffachen Pfad der Einweihung erwacht ist.

Weltberühmt ist auch das *Abendmahl* von Leonardo da Vinci (1452–1519), ein stark beschädigtes Fresko, das im Kloster der Kirche ‹Sancta Maria delle grazie› in Mailand hängt. Auf diesem Bild sind die zwölf Apostel unverkennbar als zodiakale Zeichen abgebildet. Indem da Vinci die Apostel in vier Dreiergruppen malte, brachte er außerdem seine Erkenntnis über die Zahlen 4 und 3 zum Ausdruck.

In den vielen Geschichten über König Artus und die zwölf Ritter seiner Tafelrunde ist Artus als Dreizehnter das Symbol der Erleuchtung, des Menschen, der Selbstverwirklichung erlangt hat (Abb. 2). Sein Name bedeutet *Sonne* (Thor). Es war der berühmte Druide Merlin, der die Bruderschaft des Grals begründete. Was für die Außenwelt über König Artus und seine zwölf Ritter der Tafelrunde bekannt wurde, ist nur der exoterische Aspekt einer tiefgehenden Einweihungsgeschichte. In den Artussagen ist Artus der Dreizehnte, in den Parzifalsagen ist das der verwundete König Amfortas. Als Dreizehnter symbolisiert Amfortas das letzte Stadium der Einweihung. In dieser Phase hat Parzifal seine Seelenfahrt (saelde) beendet, seine Unwissenheit, Unschuld und Ich-Bezogenheit sind überwunden. Dadurch wird Amfortas gesund. Ein bemerkenswertes Detail ist die Tatsache, daß der Gralstempel in der Parzifalsage zwölf Säulen hat.

Wenn die falsche Sonne des Egos, die sich immer wieder in den Vordergrund schiebt, erlischt – was in der Christusgeschichte durch den Tod von Judas und in der Artussage durch den Tod von Mordred symbolisiert wird –, kann der letzte Akt des menschlichen Passionsspiels durch die Transformation im Dreizehnten vollendet werden.

Christus und Artus sind mit dem Gral verbunden, dem alles gegebenden und niemals versiegenden energetischen Liebesprinzip des Alls. Wer sich dagegen wehrt, ‹ißt und trinkt› sich selbst zu Tode, wird ein ‹lebendiger Leichnam›, ein isolierter Mensch. Dieser isolierte Mensch (Judas, Mordred oder ein anderer) muß völlig aus dem Kreis der Zwölf ausscheiden, ehe – dank des Findens des inneren Christus – der Dreizehnte, der neue Adam, erweckt werden kann.

des mer la main alestye et la tinst hee
du priou ausi legierement côme se
elle ni teust pome et puis prent lesaui
reau et la met dedens et maintenant
la emint en tonr lui et puis dist au tor
qi vauit asses mieulx que deuaure. or
me snitle sors esui dont se nay pome.
roy vous esui vous enuoient dieu dauitente par aussi æ
il astur estre. les monde tout entremal la nue et leon

nior en furent muestabstmr les hore qui anpre
uemont. et ace lacrodene tous si entitrent en lac
prudent les cunes de tetr en veue pour iouster
assur. et de tetr en veur qui ne prudteut fors que
couuettures et leurs elars. Car monte se fioient
prouesses leurs plusieurs. Et le roy qui tout ce et
ne lauoit fait fors pour ueor une partie dela chi
leue galaad. Car bien pensoit qui ne reuanoit
mais sauecr seuure equant il sen seruient parti.

Abb. 2   Die Tafelrunde

Die Templer, die Johannes als Schutzpatron hatten, kannten in dem überaus mystischen dreizehnten (!) Jahrhundert zwölf Ritter und einen Hochmeister. Bekannt wurde vor allem der dreizehnte Hochmeister Jacques Molay, der auf Befehl Philipps des Schönen ermordet wurde.

In der *Göttlichen Kommödie* (Paradiso, sechzehnter Gesang, Vers 25–27) verweist Dante auf die Templer, wenn er von *dem Pferche San Giovanni* spricht.

1380 kamen die zwölf *Gottesfreunde vom Oberland*, die als Mönche in einem Kloster unter der Leitung eines dreizehnten Mönchs mit Namen Humanus ein zurückgezogenes Leben führten, zusammen, um über die weitere Entwicklung der Menschheit zu beraten. Diese Mönche werden bei Goethe in dem nur als Fragment existierenden Gedicht *Die Geheimnisse* ausdrücklich erwähnt. Rudolf Steiner hat beschrieben, wie Christian Rosenkreutz im dreizehnten Jahrhundert durch Einweihung die Weisheit von zwölf Adepten aufnimmt, von denen jeder einen Strahl der in einer bestimmten Epoche aufgeblühten Weisheit in sich trug.

Im dreizehnten Jahrhundert erleben die Katharer ebenfalls einen gewaltigen Aufschwung, bis die römisch-katholische Kirche diese gnostische Bewegung durch Kreuzzüge und Inquisition so sehr dezimierte, daß die wenigen übriggebliebenen Brüder und Schwestern ihre Arbeit im verborgenen fortsetzen mußten.

Das Motiv des Zwölften und Dreizehnten wurde schon lange vor dem Beginn der christlichen Kultur verwendet. Der Hierophant (in den Mysterien der höchste Priester, z. B. in Eleusis) und seine zwölf Helfer waren in allen Mysterientempeln bekannt. In den ägyptischen Mysterien waren der Hierophant und die zwölf priesterlichen Einweiher beim letzten Stadium der Einweihung des Kandidaten im Königszimmer der Großen Pyramide anwesend. Vor dieser Pyramide liegt die Große Sphinx, die das Geheimnis des Menschen symbolisiert.

Die Zahl 13, die aus den Ziffern 1 und 3 besteht, hat die Funktion eines ‹Ecksteins› und ‹Schlußsteins›. Die Summe dieser Zahl ergibt 4, hiermit stimmen wiederum die vier Einweihungen der großen Mysterien überein, die Zugang zum Mysterium des Dreizehnten (u. a. in Eleusis) verschafften.

Im Alten Testament wird die Beziehung der Menschheit zu den zwölf Tierkreiszeichen in den zwölf Söhnen Jakobs (Genesis 35,22), die die zwölf Stämme Israels bilden werden (Genesis 49,1–28), zum Ausdruck gebracht. In der *Apokalypse* 21,9–27 und 22,1–5 wird die mystische Vollendung dieses zwölffachen Menschheitsweges beschrieben durch die Symbolik der *zwölf Stämme Israels**, der *zwölf Tore* Jerusalems, die mit Perlen verglichen werden, der *zwölf Grundsteine* der Stadtmauer, *geschmückt mit aller Art Edelgestein,* auf denen die *zwölf Namen der zwölf Apostel des Lammes* (als Dreizehnter) stehen, und durch die Symbolik des *Baums des Lebens, der zwölfmal Früchte trägt,* der *jeden Monat seine Frucht gibt* und von dem man sagt, daß *seine Blätter zur Heilung des Völker dienen.*

Mitten in dieser Stadt wird der *Thron Gottes und des Lammes* stehen. Das Lamm ist Christus, das Licht im Licht, das irgendwann die gesamte Menschheit erleuchten wird und von dem alle großen Erleuchteten, jeder auf seine Weise, unabhängig von Zeit, Ort und Kultur, bis auf den heutigen Tag gesprochen haben.

Es ist dieses mit unterschiedlichen Namen bezeichnete Licht, nach dem der Mensch in der Finsternis der Unwissenheit immer wieder sucht. Ob Agni (Indien), Horus oder Ra (Ägypten), ob Schamasch (Babylon), Mithras (Persien), Heelios oder Zeus (Griechenland), ob Balder oder Odin (Norwegen), Tawa (Hopi-Indianer) oder Christus, immer geht es um das Mysterium des Dreizehnten, um die Befreiung vom Ein-

---

* In der Esoterik stellen die zwölf Stämme Israels die ursprüngliche Menschheit dar.

fluß des zwölffachen Tierkreises, wodurch die Erleuchtung verwirklicht wird. Die Wege dazu sind unterschiedlich, aber die Wahrheit ist dieselbe.

> «Ich bin das Licht der Welt; wer mir nachfolgt, wird nicht im Finstern gehen, sondern das Licht des Lebens haben.»
> *(Johannes, 8,12)*

Aber auch von den Schülern wurde gesagt:

> «Ihr seid das Licht der Welt.» *(Matthäus, 5,14)*

Das Rätsel der Sphinx

Vor der Großen Pyramide von Gizeh liegt die Große Sphinx. Ein 70 Meter langes und 20 Meter hohes rätselhaftes Wesen mit dem Körper eines Löwen und dem Gesicht eines Pharaos. Das Gesicht ist nach Osten gewandt, und die Augen starren in den weiten Horizont. Am Ende des Alten Reiches (± 2345–2181 v. Chr.) wurde sie Hor Em Hat oder ‹Horus im Horizont› genannt, Symbol der aufgehenden Sonne *(Abb. 3)*.

Viele Ägyptologen, Archäologen, Künstler und Esoteriker haben bereits versucht, das Rätsel der Großen Sphinx zu lösen. Nach Auffassung des eingeweihten Philosophen Iamblichos (± 330 n. Chr.), der u. a. über die ägyptischen Mysterien geschrieben hat, verbarg die Sphinx zwischen ihren Vordertatzen einen für die Neophyten bestimmten Geheimgang zur Großen Pyramide von Cheops. Dieser Eingang war früher durch ein Bronzetor verschlossen, das ausschließlich durch die Magie der Tempelpriester geöffnet werden konnte, was dem Volk Angst und Ehrfurcht einflößte und eine bessere Schutzwirkung hatte als jede bewaffnete Wache. Im Bauch der Sphinx, so hieß es, seien Galerien gehauen, die in den unterirdischen Teil der Pyramide führten. Ohne Hilfe eines Führers würde sich ein Neophyt in diesen

Abb. 3   Die Große Sphinx vor der Großen Pyramide

kreuz und quer verlaufenen Galerien hoffnungslos verirren. – Spencer Lewis, Imperator des Alten Mystischen Ordens Rosae Crucis (A. M. O. R. C.) schließt sich eng an diese Betrachtungsweise an.

Ein Bronzetor sowie unterirdische Räume und Galerien wurden im massiven Steinkörper der Großen Sphinx niemals entdeckt. Dennoch schließt dies die Richtigkeit des Berichts von Iamblichos nicht aus, denn es war im alten Ägypten üblich, daß bei der Fertigstellung eines Tempels oder einer Pyramide sämtliche Eingangstore und Gänge zugemauert wurden, damit das Volk nichts über die Einweihungen erfuhr. – Der Ägyptologe W. Marsham Adams ist der Meinung, daß ein enger Zusammenhang besteht zwischen den Beschreibungen der Gänge, Räume und Symbole im *Ägyptischen Totenbuch*, einem Einweihungsbuch, und dem, was in der Cheops-Pyramide vorgefunden wurde.

Für die Profanen waren die Mysterienorte von einem dichten Schleier des Schweigens umgeben. Abydos z. B. war ein sehr bekannter Mysterienort, an dem laut Überlieferungen der Kopf des Osiris und die ersten Pharaonen begraben lagen. Was tatsächlich in Abydos verborgen war, wurde laut Iamblichos niemals bekanntgegeben.

Der griechische Geschichtsschreiber Herodot (± 485 v. Chr.) war in die Mysterien von Sais eingeweiht. Dort fand sich ‹*das Grab eines, dessen Namen ich hier aus religiöser Scheu verschweige*›. Herodot sagte über die Mysterien: ‹*Auf dem See werden bei Nacht die Leiden des Gottes mimisch dargestellt; die Ägypter nennen das Mysterien. Doch will ich darüber Schweigen beobachten, obwohl ich ausführlich über diese Schauspiele berichten könnte.*›[46]

Der Philosoph, Orientalist und Mathematiker R. A. Schwaller de Lubicz hat nachgewiesen, daß religiöse Zentren wie Heliopolis, Memphis, Theben und Hermopolis die einzelnen Phasen der ägyptischen Schöpfungsgeschichte symbolisierten und alle Einweihungsorte waren. Iamblichos und Herodot waren voll des Lobes über die Mysterien. Ähnliche Äußerungen lesen wir aber auch bei Eingeweihten wie Platon, Lucianus, Apulejus, Cicero, Euripides, Suetonius, Sophokles, Plutarch und Proklos, während ein eingeweihter Kirchenvater wie Clemens von Alexandria noch die Ansicht vertrat, daß mit den Mysterien jede Lehre endet und Einblick in die Natur der Dinge gewährt wird.

Zwischen der Cheops-Pyramide und der Großen Sphinx besteht ein untrennbarer Zusammenhang. Nach einem alten Text sei ein junger Prinz eines Tages im Schatten der Sphinx eingeschlafen und habe eine Vision gehabt, in der die Sphinx ihm den ägyptischen Thron versprach, wenn er sie vom Sand befreite, der sie größtenteils verdeckte. Das tat der Prinz, der 34 Jahre später als Thutmosis IV. von Ägypten den Thron bestieg. Er regierte als der letzte Pharao in der Reihe der Thutmoses im Neuen Reich (1576–1320). Während dieser Dynastie war die Sphinx bereits 1100 Jahre alt!

Nach der Auffassung mancher Wissenschaftler reicht das Alter der mysteriösen Sphinx noch weiter zurück, nämlich bis in die Zeit vor der Sintflut, da an der Außenseite der Großen Pyramide Spuren von Wassererosion entdeckt wurden.

Bei der Ausgrabung der Sphinx aus dem Sand wurde zwischen den Tatzen der abgebrochene Bart wiedergefunden. Das Tragen eines Bartes war bei vielen Pharaonen gebräuchlich. Später wurden auch Treppen ausgegraben, die zur Sphinx, zum Altar und zu dem Tempel zwischen den Tatzen hinaufführten. Altar und Tempel waren vermutlich römischen Ursprungs.

Die Sphinx trug nicht die für Pharaonen übliche Haartracht. Zu dieser Haartracht gehörte die sich an der Stirn aufbäumende Uräus-Schlange, deren Gestalt mit dem Mysterium der Schlangenkraft (Kundalinî) verbunden war. In den Mysterienmythen wird diese Schlangenkraft auch als ‹Lebensbaum› bezeichnet. Darin ‹hängen› zwei *Schlangen*, die die männliche und weibliche Energie symbolisieren. Sie stehen im Zusammenhang mit den sieben Chakras, die ihrerseits mit der siebenfachen Harmonie des Universums in Verbindung stehen.[47]

In der Orthodoxie wurde die Schlange nicht als Mysterienwesen betrachtet und entwickelte sich so zum Symbol des Bösen, des Satans, des Widersachers. Übrigens befaßten sich nur wenige Exegeten mit der Frage, wie es der Schlange gelungen war, im letzten Moment in den Garten Eden hineinzuschlüpfen. In Genesis 1 wird dazu ausdrücklich erwähnt, daß alles, was Gott schuf, «gut war», also auch die Schlange.

In der *Edda*, der Tradition des alten, u. a. in Island und Norwegen überlieferten Wissens, werden der große Lebensbaum Yggdrasil und die Schlange Nidhöggr erwähnt.[48]

Für die Gnostiker war die Schlange, wie in allen alten Kulturen, das Symbol von Einweihung und Weisheit. In der Alchemie kennen wir den Ouroboros, die Schlange, die sich selbst in den Schwanz beißt, als Symbol des sich selbst ernährenden Universums ohne Anfang oder Ende.

In vielen Schöpfungsmythen kommt die Schlange oder der Drache vor, oft mit sieben Köpfen als Symbol der sieben Keime des Chaos, die durch den Schöpfungsprozeß zum Kosmos werden. So sehen wir in Ägypten den Streit zwischen dem Gott Re und der Schlange Apap, und in der Schöpfungsmythologie von Kanaan liefert sich der Gott Baal einen Kampf mit der siebenköpfigen Schlange Lothan (die ugaritische Bezeichnung für Leviathan, mit dem Jahwe kämpfte: Psalm 74,12–14). In Indien kennt man das Bild der tausendköpfigen Urschlange Shesha-Nâga, die das von Brahmâ erschaffene und von Vishnu erhaltene potentielle Universum in tausend Yugas symbolisiert (siehe S. 116 ff.). Als Hüter des Heiligtums Olympia erscheint Zeus Sosipolis als Schlange. Sogar der Höllenhund Cerberus hat den Schwanz einer Schlange, und beim Orakel von Delphi wurde die Schlange als heiliges Tier angesehen.

Prof. Elaine Pagels beschreibt in ihrem Buch *Adam, Eva*

und die Schlange. Eine Theologie der Sünde, wie das Mißverständnis über die Schlange in bezug auf Adam und Eva entstanden ist.[49] Im Mythos von Orpheus und Euridike steht das Geheimnis der Schlange im Zusammenhang mit dem Geheimnis des Wissens über Leben und Tod und der Besiegung des Todes durch die Liebe. Eines der bekanntesten gnostischen Symbole, in denen das Mysterium der Schlange enthüllt wurde, ist der berühmte, von zwei Schlangen umwundene Heroldsstab des Hermes, der Caduceus oder Schlangenstab, von dem die Ärzte nur noch den mit einer Schlange umwundenen Äskulapstab* kennen. Dieser Stab wurde u. a. von Moses und Aaron als Symbol höchster Einweihung ‹getragen›. Der Caduceus ist auch das Symbol der in unserer Wirbelsäule ruhenden Schlangenkraft, die, wenn sie geweckt wird, das ‹Wurzelzentrum›, den Plexus sacralis (Kreuzbein) mit dem Scheitelpunkt (Golgotha) verbindet und in der Zirbeldrüse oder Epiphyse endet, was durch den Knauf des Stabes symbolisiert wird. (Vgl. in buddhistischen Skulpturen die ‹Kugel mit den tausend Augen› auf dem Kopf des Buddha.) Die beiden Schlangen heißen im Hinduismus Idâ und Pingalâ und in der biblischen Esoterik Adamas und Heva. Meist schlingen sie sich in sieben Windungen um den Hermesstab. Makrokosmisch gesehen symbolisiert dies den Prozeß von Involution und Evolution, mikrokosmisch den siebenfachen Prozeß der Erleuchtung, der durch das Aufblühen der sieben Chakras entsteht, bis schließlich jede Dualität überwunden ist.

Im alten Ägypten war der Pharao als Priester-König der höchste Eingeweihte. Noch heute kann man im Tempel von Luxor die für Pharaonen typische Bart- und Haartracht bei

---

* Äskulap oder Asklepios war der griechische Gott der Heilkunde. In der hellenistischen Zeit gab es ca. 500 Asklepios-Tempel, in denen Eingeweihte die Heilkunde ausübten und Arztschulen betrieben. Als Arzt bezeichnete man denjenigen, der die Kunst (ars) des Heilens beherrschte.

Ramses II. bewundern, dessen Stirn die Uräus-Schlange schmückt. Auf der goldenen Totenmaske von Tut-ench-Amun sehen wir die Uräus-Schlange ganz scharf abgebildet, ebenso auf den Darstellungen der Königin Nofretete *(Abb. 4)*.

Bei der Sphinx von Memphis sind Bart, Haartracht und Uräus-Schlange unbeschädigt geblieben. Auch die dem Pharao Amenemhet II. (Mittleres Reich: 1991–1786) geweihte Sphinx trägt noch die Uräus-Schlange auf der Stirn.

Die Sphinx ist ein Mysterienwesen, ebenso wie der Phönix, der Greif, der Zentaur, der Minotauros (der assyrische fünfbeinige Stier mit den Flügeln eines Adlers und dem Kopf eines Menschen) *(Abb. 5)*, der persische Simorgh, der Aion aus den Mithras-Mysterien mit menschlichem Körper, vier Flügeln und Löwenkopf[50] *(Abb. 6)*, der geflügelte Drache der Alchemie und der geflügelte Singh (Löwe) der Hindus.

Eine Sphinx hat meistens den Kopf eines Menschen, den Körper eines Löwen, den Schwanz eines Stiers und die Flügel eines Adlers. In dieser Form symbolisiert die Sphinx u. a. den Weg der menschlichen Seele durch die vier Reiche der Natur. (Vgl. ‹die vier lebendigen Wesen› in der Vision Ezechiels 1,1–20 und die beiden Cherubim an Moses' Bundeslade in Exodus 25,16–22.)

Das Rätsel der Sphinx ist das Rätsel des Menschen. Die Sphinx fordert uns auf, Mensch zu werden. Vor dem Verfall des ägyptischen Reiches waren die Pharaonen Eingeweihte, selbstverwirklichte Gottesmenschen, die Kraft (die Gestalt des Löwen) mit Intelligenz paarten.

Doch ehe man Mensch werden kann, muß die tierische Kraft im Menschen umgesetzt werden. Alle Märchen und Geschichten über ‹wilde Tiere› und ‹Jäger›, über das Gefressenwerden von einem wilden Tier oder die Initiations-Erzählungen über das ‹Gehen durch die Tierhaut› verweisen auf den Prozeß der Menschwerdung. So symbolisiert der Minotauros im Labyrinth die Irrwege, die der Mensch geht, so-

Abb. 4   Die goldene Totenmaske Tut-ench-Amuns

Abb. 5   Der geflügelte, fünfbeinige assyrische Stier

Abb. 6   Der Aion aus den Mithras-Mysterien

lange er seinen tierischen Instinkten verhaftet bleibt und während des raum-zeitlichen Prozesses der Manifestation eines Universums nicht in der Lage ist, über alle Gegensätze hinauszuwachsen, was wiederum durch das jährliche ‹Aufessen› von sieben Knaben und sieben Mädchen versinnbildlicht wird. Im alten Griechenland war das Labyrinth ein Ort der Initiation. Heraus fand man nur mit Hilfe des ‹Ariadnefadens›, des Liebesfadens, der, so sehen wir es bei den Heldentaten des eingeweihten Theseus, alle Gegensätze aufhebt.

Der Mythos vom ‹Töten› des Minotauros ist das Symbol für die endgültige Überwindung der niederen, tierischen Natur und die Offenbarung des Menschen. Das gleiche Sinnbild der totalen Besiegung aller Triebe finden wir beim Gott Shiva, der auf dem Stier Nandi reitet. In der Kirche Sancta Maria in Rom sind die vier Evangelisten mit jeweils einem der vier Elemente dargestellt. Matthäus steht in Beziehung zur Luft und wird mit einem geflügelten Menschenkopf dargestellt, ihm wird auch das Tierkreiszeichen des Wassermanns zugeordnet. Markus steht in Beziehung zum Feuer und ist verbunden mit dem Tierkreiszeichen des Löwen, Symbol der ungezähmten menschlichen Willenskraft, die in geistigen Mut, Kraft und Liebe umgesetzt werden muß. Das aus der Apokalypse bekannte Bild des Löwen neben dem Lamm symbolisiert den Menschen, in dem diese Kräfte im Gleichgewicht sind. Lukas steht in Beziehung zur Erde und wird zusammen mit dem Tierkreiszeichen des Stiers dargestellt. Johannes besiegte durch seine völlige Hingabe an Christus den Einfluß der Tierkreiszeichen und wurde daher der ‹am meisten geliebte› Jünger genannt. Im Zeichen Scorpio sublimierte er die niedere Sexualität zu vergeistigter Liebe. Ihm ist der Adler zugeordnet. Die mit den vier Evangelisten verbundenen Symbole des geflügelten Menschenkopfes, des Löwen, des Stiers und des Adlers verweisen auf die Sphinx. Der Evangelist Markus ist der Schutz-

Abb. 7   Der Evangelist Markus, dargestellt als Löwe, Venedig

heilige der Stadt Venedig und wird als solcher symbolisch mit dem Körper eines Löwen, dem Kopf eines Menschen, dem Schwanz eines Stiers und den Flügeln eines Adlers dargestellt *(Abb. 7)*.

Wir finden die Sphinx auch auf den Tarotkarten des Court de Gébelin und auf den Karten von Marseille, wo sie mit Krone und Zepter ausgestattet ist.* Dort sitzt sie auf dem

---

* Das Tarot-Spiel stand, ehe es in profane Hände geriet, von alters her in enger Beziehung zu den Mysterienschulen. Court de Gébelin (18. Jh.) nennt Ägypten als Heimat dieses Kartenspiels. Bemerkenswert ist auf jeden Fall, daß in vielen Fassungen des Spiels die Sphinx oder andere ägyptische Symbole häufig auftauchen. Auch hermetische Einflüsse sind unverkennbar vorhanden. Eliphas Lévi (19. Jh.) sieht den Ursprung bei den Juden (Kabbala), und A. E. Waite sucht den Beginn bei den Katharern. Die bekanntesten Ausführungen des Tarot-Spiels sind die von Marseille und Waite.

Abb. 8   Tarotkarte von Court de Gébelin. Tarotkarte von Marseille

‹Glücksrad›, dem ‹Rad des Schicksals›, das bei den Hindus Samsâra genannt wird *(Abb. 8)*. Die Speichen des Rades bilden einen sechsstrahligen Stern, Sinnbild des ewigen Kreislaufs des Lebens, in dem sich das ständige Zusammenspiel der Gegensätze vollzieht. Im Rad sehen wir ein affenähnliches Wesen, das hinaufklettert, und ein zweites, das herunterfällt, Symbole für das Auf und Ab von Glück und Unglück innerhalb des zyklischen Daseins.

Erst wenn die ‹Affennatur›* im Menschen besiegt ist, kann sich der Mensch vom ‹Rad des Schicksals› lösen. Die Sphinx auf dem Rad ist das Symbol des transformierten Menschen, des Erleuchteten, der die Triebe besiegt und alle

---

* Vgl. in der *Bhagavad-Gîtâ* den Streitwagen Arjunas, der die grüne Fahne mit dem Affen führte, Sinnbild tierischer Triebe und Instinkte, die im Ego zum Ausdruck kommen.

Gegensätze ins Gleichgewicht gebracht hat. In der Alchemie kennen wir den geflügelten Hermaphroditen, der auf dem männlichen und weiblichen Kopf eine Krone trägt als Zeichen der Transformation der prinzipiellen Polarität zwischen Mann und Frau. Der Hermaphrodit steht auf drei Schlangen, Sinnbild für Körper–Seele–Geist bzw. Salz, Sulfur und Merkur, und hat einen Löwen oder einen Pelikan an seiner Seite. Auf manchen Abbildungen sehen wir sogar, daß der Löwe die Schlange auffrißt, z. B. auf der Darstellung *Der zwölf Schlüssel* (1660) des Alchemisten Basilius Valentinus, auf der der Löwe das Gesicht eines Menschen hat. Ein weiteres, häufig verwendetes Motiv ist der Drache mit dem Schwanz eines Skorpions, Sinnbild der zu transformierenden Sexualität.

Das alchemistische Bild des *Rebis**, der auf einem feuerspeienden Drachen (oder einem Phönix) mit dem Schwanz einer Schlange steht, stellt ebenfalls den Umwandlungsprozeß vom Triebmenschen zum selbstverwirklichten Menschen dar. Der Drache steht auf der geflügelten Welt, in der die Mysterienzahlen 4 und 3 abgebildet sind. (Der Phönix ist das Symbol des sich stets verjüngenden Universums.) In der Hand hält der Rebis Zirkel und Winkel, Symbole der Beherrschung der raum-zeitlichen Gestaltungen (*Abb. 9*).

Das Wort Sphinx ist eine Ableitung des ägyptischen ‹Shesep Ankh›, was ‹Bild des Lebens› bedeutet. Die Sphinx ist ein Symbol für das makrokosmische und mikrokosmische Leben, und im alten Ägypten waren es der Pharao und die Tempelpriester, die dieses Mysterium durchschaut hatten. Ödipus, der zunächst ‹sehend blind› ist und allmählich

* Das Wort *Rebis* stammt vom lateinischen *res* (Sache, Ding) und *bis* (zweimal) und ist eine andere Bezeichnung für Hermaphrodit, den selbstverwirklichten Menschen, der über jede Dualität, also auch über die Dualität zwischen männlich und weiblich, erhaben ist (vgl. *Das Thomas-Evangelium*, Logion 22).

Abb. 9   Rebis auf feuerspeiendem Drachen

durch die äußere Blindheit zum Sehen kommt, konnte das
Rätsel der Sphinx lösen.[51] Dadurch konnte die Sphinx, das
Leben selbst, ihn nicht mehr ‹verschlingen›. Als Sophokles
seine Ödipus-Trilogie schrieb, tat er das als Eingeweihter.
Auf einem Felsen vor dem Stadttor sitzend, halb Jungfrau,
halb Löwe, mit den Flügeln eines Adlers, als Schwester des
Höllenhundes, stellte die Sphinx die Frage nach dem Men-
schen selbst *(Abb. 10)*.

Vor der Sphinx angelangt, wird Ödipus das folgende Rätsel aufgegeben:

«Morgens geht es auf vier Füßen, nachmittags auf zwei, abends
auf drei; aber gerade dann, wenn es sich auf den meisten Füßen
fortbewegt, sind seine Glieder am wenigsten kräftig und flink.»[52]

Abb. 10   Griechische Sphinx

Ödipus kennt die Antwort. Es ist der Mensch selbst, der sich als Kind auf allen vieren fortbewegt, als Erwachsener auf zwei Füßen geht und als Greis einen Stock als Stütze benötigt. Das ist die Lage des Menschen. Die Summe der Zahlen 4, 2 und 3 bildet die Zahl 9 = der Mensch. In Ägypten wurde die Sphinx fast immer männlich dargestellt. Herodot sprach von den *androsphinxi*, den ‹Mann-Sphinxen›. In Griechenland dagegen symbolisierte die Sphinx meistens eine Jungfrau. Deshalb sprach Euripides von der ‹weisen Jungfrau› und Sophokles von der ‹Orakeljungfrau›.

Vom ägyptischen ‹Shesep Ankh› leiteten die Griechen das Wort ‹dphirx› ab, verwandt mit ‹dphirro›, was würgen bedeutet. Die Sphinx als ‹Würgetier› versinnbildlicht die alles verschlingende Zeit, so wie Chronos immer wieder seine eigene Schöpfung verschlingt und der Phönix stets aus der eigenen Asche aufersteht. Wenn der Mensch das zyklische Dasein nicht ergründet und nicht zur Selbstverwirklichung gelangt, ‹frißt› das Leben ihn auf, wird er von der Sphinx ‹gewürgt›, es sei denn, er löst das Rätsel des Lebens, wodurch die Sphinx im Abgrund des Daseins verschwindet. Doch die Sphinx ist nicht nur das griechische Würgetier, sie ist auch das Mysterienwesen der Pharaonen, wobei Mut und Intelligenz den Weg zur Vollendung offenbaren.

Nur der Mensch, dem es gelingt, seine niedere Natur zu transformieren, oft durch die Flügel von Sphinxen oder sphinxartigen Wesen symbolisiert, wird zum Meister des Daseins (vgl. der geflügelte Hermes). Für solch einen Menschen ist die Sphinx Symbol der Weisheit geworden, wie die Darstellung auf dem Marmorboden des Doms in Siena zeigt, wo die linke Hand des Hermes Trismegistos, auf einen von Sphinxen getragenen Tisch gestützt, die hermetische Weisheit an das Abendland weiterreicht.[53]

Die Große Sphinx wurde auch ‹Hermachis-Chepra-Re-Tum› genannt und symbolisiert als solche den Sonnengott (Horus) in vier Phasen: Nacht (Totenreich), Morgen, Mittag und Abend. Morgen, Mittag und Abend werden nacheinander als Kind, Erwachsener und auf einen Stock gestützten Greis dargestellt. Hiermit vergleichbar ist Dionysos-Apollo, der am längsten Tag ‹Komos›, der Behaarte, genannt wurde; bis zum Winter ‹Calvus›, der Kahle hieß; im Sommer als ‹Akersikomos›, der Ungeschorene, und im Winter als ‹Polios›, der Greis, bezeichnet wurde. Die Haare symbolisieren die Strahlen des Lichts (vgl. den Simson-Mythos).

Wer Gnosis erlangt, besiegt das raum-zeitliche Universum und erkennt sich selbst als ‹Das All›. Wem es gelingt, das Rätsel der Sphinx zu lösen, der steht vor der Aufgabe, die Lösung in die Praxis umzusetzen. Gerade in unserer Epoche, in der die Einflüsse des Wassermanns immer stärker werden, bietet sich vielen Menschen die Möglichkeit der Transformation. In bestimmten Perioden des zyklischen Daseins stellt sich dem Menschen immer wieder die große und abenteuerliche Aufgabe: Mensch zu werden. Nehmen wir diese Aufgabe nicht in Angriff, werden wir in das sich unaufhörlich drehende Rad zurückgeworfen. Vor diesem Hintergrund verstehen wir jetzt auf Anhieb Logion 7 des *Thomasevangeliums*:

«Jesus sprach: Selig ist der Löwe, den der Mensch ißt. Dadurch wird der Löwe Mensch. Aber elend ist der Mensch, den der Löwe frißt. Dadurch wird der Mensch zum Löwen.»

Der Mystiker und Dichter Erik van Ruysbeek schrieb dazu die folgende poetische Reflexion:

«Oh zeitlicher Mensch,
werde zeitlos
oder deine Zeitlosigkeit
wird zeitlich.
Leidenschaft des Ichs,
gehe unter im Selbst.

Wer seinen Löwen nicht frißt,
wird von ihm gefressen.»[54]

Christos, der Weg

Wer die raum-zeitlichen Manifestationen des Alls, die großen und kleinen Zyklen (Yugas), die Tage des Brahmâ,
kennt, kann etwas über die Zukunft von Welt und Menschheit sagen. Ein solcher Mensch besitzt prophetische Fähigkeiten und kann zum Beispiel im richtigen Moment vor bestimmten aktuellen Entwicklungen warnen. Jede Kultur,
jede Religion hat ihre Propheten. Sie sind im Grunde Eingeweihte, die immer wieder aufs neue *prophezeien* (grie-
chisch: profeteuo), was geschehen wird. Oft geht eine Pro-
phezeiung mit der Aufforderung zu einer radikalen
Umkehr des menschlichen Verhaltens einher, denn gerade
diese Wende lindert im erforderlichen zyklischen Umbruch
das Leid.

Seriöse Propheten haben überall auf der Welt und in allen
Epochen bestimmte Geschehnisse vorhergesagt. Aber nicht
selten gilt der Prophet im eigenen Vaterland nichts, und aufgrund ihrer meistens nichts Gutes verheißenden Prophezeiungen sind viele gesteinigt oder getötet worden, als hätte
man damit den Lauf der Dinge aufhalten können.

Prophezeiungen hinsichtlich zyklischer Entwicklungen
und Veränderungen wollen den Menschen wachrütteln und
ihn aufmerksam machen auf den wahren Sinn des Lebens,
auf die stets vorhandene Möglichkeit, Mensch zu werden.
Propheten sehen die Resultate von Ursachen vorher, die als
karmischer Samen der Vergangenheit aufgeblüht sind und
in bestimmten Sternenkonstellationen eine beschleuni-
gende Wirkung erlangen.

In den Mysterientempeln vor Christi Geburt wurde so
jemand ein *Chrêstês* genannt, jemand, der Orakel deutet

oder erklärt, ‹ein Prophet›, ‹ein Wahrsager›. Dieses Wort, so sagt Frau H.P. Blavatsky, sollte nicht verwechselt werden mit dem griechischen Wort *Chrêstêrios,* das eine Person bezeichnete, die im Dienste des Orakels stand, einen Gott oder einen Lehrer (Guru).[55] Ursprünglich verwendete man nicht die Wörter Christus und Christen, sondern *Chrêst* und *Chrêsten* (christianoi). Sie wurden auch von Kirchenvätern wie Justinus dem Märtyrer, Tertullian, Lanctantius und Clemens von Alexandria benutzt. Mit der Zeit entstand das Wort *Chrêstos,* mit dem ein außergewöhnlicher Mensch gemeint war, während Wörter wie *Chrêstianoi* und *Chrêstodoulos* auf die Anhänger und Diener des *Chrêstos* verwiesen.

Das Wort *Chrêstos* wurde vor Christus bereits von Herodot und Aischylos verwendet. Adepten und große Heilige hatten als Beinamen das Wort *Chrêstos,* der *Gute,* der *Herausragende,* der Eingeweihte, der den *Weg* zu *Christos* kannte, den Bewußtseinszustand, der die Krönung des Einweihungsprozesses darstellte. Der Kandidat, der alle Prüfungen physisch und psychisch gemeistert hatte, war vom *Chrêstos* zum *Christos* geworden. Nach Blavatsky stehen beide Wörter im Zusammenhang mit dem hebräischen Zustand *Masjiach,* von dem unser Wort Messias abgeleitet ist.

Zur Zeit Jesu sprach man nicht von Christen oder *Chrêsten,* wohl aber von *Nazarenern.* Die ersten Christen nannten sich selbst nicht Christen, sondern deuteten ihren Schülerzustand mit den Worten ‹hè hodos› an: ‹der Weg›, in der Apostelgeschichte 2,28 auch ‹Wege zum Leben› genannt. Sie gingen ‹den Weg des Herrn› (Matthäus 3,3). Der altchristliche Geschichtsschreiber und Kirchenlehrer *Clemens von Alexandria* (2. Jh. n. Chr.), der noch stark gnostisch geprägte Auffassungen hatte, sagt im II. Buch seines Werkes *Stromata: Alle, die an Chrêst* (an einen guten Menschen) *glauben, sind und werden Chrêsten, das heißt, gute Menschen, genannt.*[56]

Wir denken dabei unwillkürlich an die Katharer, die von der Bevölkerung in Auqitanien ‹bonhommes› genannt wurden, ‹gute Menschen› bzw. ‹Christen›. Clemens greift als Eingeweihter in den Tempelmysterien auf die esoterische Bedeutung des Wortes *Chrêstos* zurück, mit dem ein *Adept*, ein *Lehrer* oder ein weit entwickelter *Jünger* gemeint war. Ebenso wie Origenes hat auch Clemens noch gewußt, daß *Christos* ‹der Weg› ist (hè hodos) und *Chrêstos* der Mensch, der den ‹Pfad des Herrn› beschreitet. Jesus von Nazareth war ein *Chrêstos*. Den Ehrentitel *Christos* erhielt er nach seiner letzten Einweihung, seiner letzten Prüfung, die in der *inneren* Auferstehung, im Aufgehen im unendlichen Mysterium des *Lebenden Vaters* resultierte. Nur deshalb konnte er sagen: ‹Ich und der Vater sind eins› (Johannes 10,30). Erst in dem Moment war seine Einweihung vollbracht. Das Ego, das seinen Brennpunkt (durch das Denken) im Kopf, im *Scheitelpunkt* (Golgotha) hat, ist gekreuzigt. Die negatives und positives Karma (innere Folgen des Handelns) hervorrufende Dualität, die durch den *guten* und den *bösen* Mörder bei Jesu Kreuzigung symbolisiert wird, wurde aufgehoben. Christos ist nicht der *einziggeborene Sohn Gottes*, sondern der *Ein-Geborene*.

Jesus, die griechische Umschrift des galiläischen Namens Jeschu, der wiederum dem Wort Jehoschua oder kurz Joschua entstammt (‹Er (Gott) rettet›), ist ein Name, den wir im alten Griechenland auch in anderen Formen wiederfinden, z. B. in Iasius, Iasion, Jason und Jasus. Der Name begegnet uns vor allem unter den Nachkommen von Jasius (die Jasiden) und unter den ‹Söhnen von Iaso›, den *mystoi* und den zukünftigen *epoptai* (Eingeweihten). Blavatsky, die sich in dem außergewöhnlichen Buch *Het esoterische karakter van de evangeliën* (‹Der esoterische Charakter der Evangelien›) weit von den ausgetretenen Pfaden der Theologie entfernt und uns auf die esoterischen Hintergründe der Namen *Jesus* und *Christos* aufmerksam macht, zeigt ganz klar auf, daß die beiden Worte IESOUS CHREISTOS *einfach bedeuten ‹Sohn Iasos, eines Chrêstos› oder eines Dieners des Orakelgottes.*[57] In seiner archaischen Form bedeutet der Name IESOUS ‹der Sohn Iasos› oder ‹Ieso›, der ‹Heiler› (d. h. ho Ièsous (uios)). So gesehen ist der Mensch Jesus also der *Heiler*, der *Heiland*, der dem Menschen dank des eingeweihten Wissens der Mysterien den Weg zu Christos zeigt, zu dem Bewußtseinszustand, der über jede Dualität erhaben ist.

So wie Janus, Sonnengott und Sohn Apollos, ‹Sonne› und ‹Einweiher› bedeutet und Janus der ‹Öffner des Tores des Lichtes›[58] war, Hüter der Mysterien von Leben und Tod (der Januskopf mit Doppelgesicht), in Krisa (Chris) geboren, ein *Chrêstos* war, so war Jesus der Nazarener der erleuchtete und liebevolle Lehrer, der ‹das Tor zum Vater› für alle diejenigen öffnete, die Ohren zum Hören und Augen zum Sehen haben. So wie in der *Bhagavad-Gîtâ* Krishna (Chrishna) für Arjuna der Weg zur göttlichen Erkenntnis ist, so ist Christos dies in der Gnosis.

In der christlichen Theologie bekam das Wort Christos oder Christus, das man vom griechischen Verb *chrio* ableitete, das u. a. salben bedeutet, immer mehr die Bedeutung ‹der Gesalbte›. Auch Krishna versuchte man mit ‹der Gesalbte› zu übersetzen. Grund dafür war die Tatsache, daß eine der Bedeutungen der ersten Silbe des Namens Krishna, Kri, im Sanskrit ‹reiben über›, ‹bedecken mit› bedeutet. Christos ist das Ende des Pfades der Befreiung, das Ende der Kreuzigung aller Sinne. Bereits in den vorchristlichen Mysterien wurde die Kreuzigung mit den Initialen der Elemente angedeutet. Die hebräischen Buchstaben I. N. R. I. wurden fälschlicherweise mit den lateinischen Wörtern Jesus Nazarenus Rex Judaeorum übersetzt: Jesus, König der Juden. Diese Inschrift sei auf Befehl von Pontius Pilatus angebracht worden. Die tatsächliche Bedeutung dieser vier Initialen deutet jedoch auf die hebräischen Bezeichnungen für die vier Elemente hin:

Jam	=	Wasser
Nour	=	Feuer
Ruach	=	Geist oder Lebensatem
Jabeshah	=	Erde

In der Alchemie ist die Rede von Aqua (Wasser), Ignis (Feuer), Aer (Luft) und Terra (Erde), den vier Elementen, die aufs engste mit dem Prozeß der inneren Vollendung, mit der Verwirklichung des *Steines der Weisen, des fünften Elementes, der quinta-essentia,* zusammenhängen. Noch in Mozarts *Zauberflöte* klingt das Thema der Einweihung in die vier Elemente an, wenn Tamino und Pamina auf die Probe gestellt werden. Viele wissen jedoch nicht, daß Mozart und sein Librettist Schikaneder Mitglied der Freimaurerloge *Zur neugekrönten Hoffnung* waren, eine Tatsache, die in dem aufs breite Publikum zielenden Film *Amadeus* nicht erwähnt wurde.

Wahres Freimaurertum umfaßt jedoch die uralte Gnosis, so wie der *rohe Stein,* der noch in seinen Trieben gefangene Mensch, zu einem *weißen Edelstein,* zu einem transformierten Menschen werden kann – ein Weg, der von *Chrêstos* zu *Christos* führt. wer Christus exoterisch zu erklären versucht, wird den inneren Christos nicht finden.

«Es werden aber Tage kommen, wo ihr mich sucht und mich nicht findet»,

lesen wir im Logion 38 des *Thomas-Evangeliums.*[59] Im exoterischen Christentum haben die Kirchen versucht, die Stelle Christi einzunehmen. Dieses Thema kommt auf treffende Weise in Dostojewskis Legende vom *Großinquisitor* zur Sprache, in der der Großinquisitor zu Christus sagt:

«Wir sind nicht mit Dir im Bunde, sondern mit *ihm,* das ist unser Geheimnis! Wir sind schon seit langer Zeit nicht mehr mit Dir im Bunde, sondern mit *ihm,* schon acht Jahrhunderte lang.»[60]

Im *Geheimen Buch des Jakobus,* einem Nag-Hammadi-Text, spricht Jesus die folgenden Worte:

«Amen, ich sage euch, daß niemand je in das Reich der Himmel eintreten wird, weil ich es ihm befohlen habe, sondern insofern als ihr (d. h. nur wenn ihr) in der Fülle vollendet seid.»[61]

Niemand kann sich zum Mittler zwischen Mensch und Gott aufwerfen, das hat die Gnosis den Menschen immer zu erklären versucht. Daß dieser Gedanke nicht gerade förderlich ist für die Entstehung einflußreicher Institutionen, bedarf keiner weiteren Erläuterung. Christus lehrte uns, daß der Weg zum Königreich der Weg vom *Chrêstos* zum *Christos* ist, und das hat nichts mit Hierarchien, sondern nur etwas mit Erfüllung in Liebe und Erbarmen zu tun.

3. Das Wassermannzeitalter: etwas Neues unter der Sonne?

Der Übergang vom Fische- zum Wassermannzeitalter hat seinen Anfang in den Jahren *1960–1968,* der Zeit der alle Lebensbereiche beeinflussenden Revolutionen. Seit dieser Zeit hört man immer öfter den Begriff *New Age,* neue Zeit. Im Musical *Hair* wird bereits *der Morgen des Aquarius* besungen, und es dominieren Wörter wie Harmonie, Verständnis, Sympathie, Träume, Visionen und Offenbarungen, Mystik und Liebe. Es ist die Zeit der Studentenrevolten (Demokratisierungsbewegungen). Die Splittergruppen der Provo-Bewegung reichen sich die Hände, man kämpft für eine neue Umwelt und eine neue Gesellschaft und sucht in östlichen Religionen nach neuen Idealen und religiösen Erfahrungen. Es ist die Zeit des Flower-power, der Happenings, der Mai-Revolution in Paris (1968). Amsterdam ist das ‹magische Zentrum›, in dem sich die Revolte gegen das Bürgertum konzentriert: Widerstand gegen das Regententum, ‹Dolle Mina› (Frauenemanzipation), ‹Aktion Tomate› (gegen das bürgerliche Theater), ‹Aktion Nußknacker› (gegen die bürgerliche Musikstruktur) usw. Zahllose (überwiegend junge) Menschen lehnen sich gegen die etablierte Ordnung auf, die zwar Wohlstand hervorbringen konnte, aber kein Wohl*ergehen* und die über das eindimensionale Denken nicht hinauskam (vgl. Marcuse und Roszak).

Überall zeigen sich Impulse aufkommender Freiheitsideale, Impulse einer neuen Bewußtwerdung. Das äußerte sich bei den rebellierenden, oft marxistisch orientierten Studenten, in den Emanzipationsbestrebungen der schwarzen Bevölkerungsgruppen (‹black power›, Martin Luther King) und den Arbeiterbewegungen. In Amerika erwacht ein neuer Elan (John F. Kennedy), der Prager Frühling blüht, in Ost-Europa und der UdSSR entstehen Dissidentenbewegungen, und die kulturelle Revolution des ‹Steuermannes› Mao Tse-tung (das ‹Rote Buch› und die ‹Rote Jugend›) ist auf dem Vormarsch. Dem zunehmenden Pazifismus standen jedoch brutale Gewalt und zahlreiche Krisen (Vietnam, R. A. F., I. R. A., Kalter Krieg China–USA und UdSSR–USA, Kuba-Krise) gegenüber. Niemand konnte damals den Zusammenbruch des konventionellen Marxismus vorhersehen, und niemand dachte an eine erschütternde Golfkrise, hervorgerufen durch den Irak, der gerade einen langen und zermürbenden Krieg mit dem Iran (Khomeini) hinter sich hatte.

Widerstand, Erneuerung, Demokratisierung und das Sprengen alter Strukturen, was manchmal nicht ohne Blutvergießen möglich war, prägten die Jahre 1960–1968. Danach sehen wir, wie neue Formen, neue Ideen und Strukturen allmählich an Boden gewinnen, zur Freude der Pioniere der ersten Stunde, zur Angst und zum Schrecken derjenigen, die die etablierte Ordnung beibehalten wollten. Auch sehen wir, wie ein zunehmendes Umweltbewußtsein erwacht (Greenpeace, die Grünen). Immer mehr wird das unter dem Einfluß des Saturn stehende Alte niedergerissen und gewinnt das Neue (Pluto-Uranus-Einflüsse) an Boden.

Als im Oktober und November 1981 in ganz Europa Friedensdemonstrationen stattfinden und überall Stimmen laut werden, die eine neue Welt fordern, ist es dem zunehmenden Einfluß des Aquarius zu verdanken, daß die Schachfiguren auf der Weltbühne rasch wechseln und sich weltweit einschneidende Revolutionen vollziehen. Es hat den Anschein, als könne das Schachspiel um Macht und Geld nicht mehr nach den alten Regeln gespielt werden, und die Großmeister der Politik, Industrie und Religion stehen überall zur Debatte. Neue Erkenntnisse machen sich allmählich breit, ein neues Bewußtsein tastet Möglichkeiten ab, die vorher nicht in Erwägung gezogen wurden. Ein manchmal schmerzhafter Prozeß, der vorerst seine Schattenseiten hat.

In den Jahren 1960–1968 vollzog sich in vielen Bereichen eine Bewußtseinsrevolte, nicht zuletzt in der Psychologie, die sich in Encounter, Sensitivity, Gestalt, T-Gruppen, humanistischer Psychologie usw. austobte. Zugleich suchte man bei den Indianern und den schamanischen Kulturen nach brauchbaren Gesellschaftsmodellen und Bewußtseinsmustern.[62] *The doors of perception* (Huxley) wurden himmelweit geöffnet. Der LSD-König Timothey Leary hielt ein Plädoyer für seine ‹Glückseligkeit›-bringenden Drogen, während *Die Lehren des Don Juan* (Carlos Castaneda) ein magisches Weltbild heraufbeschworen, das *Der Morgen der Magier* (Bergier und Pauwels) konkret zu bewahrheiten schien.

Von Kalifornien aus, dessen heißes Klima das Aufblühen neuer Ideen begünstigt, kommt eine Philosophie und Lebenshaltung nach West-Europa, die jeder mittlerweile unter dem Namen *New Age* kennt: neue Zeit. Es wird eine völlig neue Zeit erwartet, ein neuer Menschentyp, eine neue Welt. Für den amerikanischen Biochemiker und Psychologen *Ken Wilber*, praktizierender Buddhist, Chefredakteur des *Revision Journal* und bekannt für seine scharfsinnigen und manchmal kontroversen Veröffentlichungen über Bewußtsein und Transformation, ist die Generation der sechziger Jahre eher narzistisch als idealistisch.[63] Seiner Meinung nach handelte es sich bei den Bewegungen der sechziger Jahre weniger um eine *spirituelle* Revolution, durch die religiöse östliche Gedanken und Techniken erworben werden sollten, als um das Verlangen nach etwas ‹Neuem›.

Man kann darüber geteilter Meinung sein und sich hinsichtlich der zahlreichen New-Age-Bestrebungen hinter die Befürworter oder die Gegner stellen (Ferguson, Capra; Korzek, Doorman). Man kann auch versuchen, dies möglichst genau zu verfolgen, ohne ausdrücklich Stellung zu beziehen. Doch es ist dem gegenseitigen Verständnis in keiner Weise förderlich, die New-Age-Welle als eine vorbereitende Phase für den Antichristen zu betrachten, inspiriert von teuflischen Kräften, die sich mit esoterischen und okkulten Lehren verbündet haben (besonders die von H. P. Blavatsky und Alice Bailey), wie einige ‹evangelische› Autoren (z. B. Dr. W. J. Ouweneel, J. I. van Baaren, Rianne Smit, Reinhard König, C. Cumbey und Dr. W. C. van Dam) das tun.[64] Hinter allem den Satan zu vermuten und unterschiedliche Formen von Okkultismus und Esoterik in einen Topf zu werfen, sagt oft mehr über die eigene, unbewältigte Vergangenheit aus als über die Einsicht in die komplexe Materie des New Age. Natürlich müssen wir die Entwicklungen kritisch beobachten und uns bewußt machen, daß Esoterik und Okkultismus jederzeit mißbraucht werden können, wie das z. B. während der Hitler-Zeit der Fall war.[65]

Auch wenn Wilber das New Age kritisiert und der Meinung ist, daß es sich eher um eine *Informations*-Revolution, von Toffler ‹die dritte Welle› genannt, als um eine *spirituelle* Revolution handelt, so vertritt er gleichzeitig die Auffassung, daß das New Age das Herz auf dem rechten Fleck hat. Daß seiner Meinung nach aber auch viel Spreu im Weizen ist, beweist seine Attacke gegen die *Channeling*-Begeisterung.

Sicher, die zahllosen Zentren in Europa und Amerika, die sich mittlerweile mit der neuen Zeit befassen, kann man wirklich nicht alle als spirituell bezeichnen; doch eine kräftige Welle der Veränderung, die sich auf die Ganzheit von Mensch-Natur-Kosmos richtet, wird immer deutlicher sichtbar. Der moderne Mensch, der sich ohne große Diskussion die von Paläontologen und Anthropologen verliehene Klassifikation *homo sapiens*, der weise Mensch, aneignete, hat zu seiner Schande erkennen müssen, daß sein analysierendes Wissen eher zum *Untergang der Weisheit* geführt hat, wie der Philosoph Gabriel Marcel das nennt, als zu deren Blüte. Es wäre besser, wenn der *homo sapiens* seinen Namen in *homo stupidus*, der törichte Mensch, verwandeln würde.

Allmählich beginnen sich innerhalb der New-Age-Bewegung viele von dem negativ Okkulten, das diese Bewegung auch umfaßt, zu lösen und machen sich auf die Suche nach der Weisheit des Universums selbst, nach der tieferen Ur-Intelligenz, nach dem allesdurchdringenden Bewußtsein des Kosmos, das von den chinesischen Weisen *Tao,* von den Mâhâyâna-Buddhisten *Dharmakâya* und von dem westlichen, zu seiner Zeit von der protestantischen Orthodoxie überhaupt nicht verstandenen Mystiker Jakob Böhme der *Ungrund aller Dinge* genannt wird.

Es wird erneut nach einem Maß der Dinge gesucht, aber nicht nach einem Maß *außerhalb* des Menschen, das von religiösen Autoritäten vorgegeben wird, sondern nach einem Maß, das auf eine *innere,* nicht-stoffliche Ordnung im Kosmos verweist, die von den Hindus *Rta,* von den Persern *Asa,* von den Ägyptern *Ma* genannt wird und jetzt von dem Physiker David Bohm als *implicate order* erkannt worden ist. Für den, der die Weisheit sucht und nicht länger das Wissen, das als Frucht immer die Dualität von Gut und Böse in sich trägt, ist die Begegnung zwischen Ost und West, zwischen westlicher Esoterik und östlicher Weisheit mehr als ein modisches Phänomen. Sie ermöglicht einen seriösen Vergleich der gegenseitigen Erkenntnisse, der sowohl die Gemeinsamkeiten als auch die Unterschiede zutage bringen wird. Das westliche Wissen hat uns, vor allem im materiellen Bereich, zahllose positive Errungenschaften eingebracht, aber es hat auch zu einem dualistischen Menschen- und Weltbild geführt, aus dem sich eine Trennung zwischen Mensch und Natur ergab, deren moderne Symbole die Splitterbombe, die Neutronenbombe, der Laserstrahl und die Kernspaltung sind. Gegen dieses dualistische, ganz und gar nicht holistische Menschen- und Weltbild setzen sich zur Zeit außergewöhnlich viele Menschen zur Wehr. Sie weigern sich, noch länger vom *Baum der Tiere* zu essen, der *Menschen-Tiere* hervorbringt, wie *Das Philippusevangelium* den negativen

Aspekt des dualistischen Wissens umschreibt.[66] Als natürliche Reaktion auf das analysierende Denken steigt aus einer tieferen Schicht des Bewußtseins das Verlangen nach Einheit und Harmonie auf. Wissen, das nicht von Weisheit getragen wird, erweist sich als lebensgefährlich. Ein Motiv, das bereits in Goethes *Faust* intensiv ausgearbeitet wurde. Wenn auf *allen* Ebenen des Universums alles vergeht und entsteht, erhebt sich von neuem die Frage: wie können wir dieser gigantischen, wogenden, spiralförmigen Bewegung des Universums, in der sich allerlei Lebensformen in unermeßlichen Zyklen von Zeit und Raum offenbaren, entkommen? Wie entrinnen wir dem feurigen Tanz des Shiva, der zyklischen Wirkung der Zeit, von der es im Buch Prediger bereits hieß:

«Ein Geschlecht geht, und ein Geschlecht kommt, die Erde aber bleibt ewig stehen. Die Sonne geht auf, und die Sonne geht unter, und ihrem Ort strebt sie zu und geht dort wieder auf. Es weht nach Süden und dreht sich nach Norden, es dreht sich und dreht sich und weht der Wind; und zu seinen kreisenden Bahnen kehrt wieder der Wind. Die Flüsse alle wandern zum Meer, doch das Meer wird nicht voll, zum Ort, nach dem die Flüsse wandern, dorthin wandern sie immerdar. Alle Dinge hetzen sich müde, kein Mensch kann es sagen (wozu). Das Auge wird vom Sehen nicht satt, das Ohr vom Hören nicht voll. Was war, wird wieder sein; was geschah, wird wieder geschehen, und *nichts Neues gibt es unter der Sonne*. Gibt es etwas, von dem man sagen kann: «Sieh, dieses ist neu!»? Längst war es zu Zeiten, die vor uns gewesen. Es bleibt kein Erinnern an die Früheren und auch für die Späteren, die kommen werden: Es gibt kein Erinnern an sie bei denen, die noch später kommen.» *(Prediger 1,4–11)*

Im Gegensatz zu dem linearen Zeitbegriff, der sich im christlichen Westen entwickelte – nicht zuletzt aufgrund eines exoterischen Verständnisses der Auferstehung Christi – steht in den östlichen Religionen der zyklische Zeitbegriff im Mittelpunkt. Im zyklischen Zeitbegriff gibt es keine geradlinige, evolutionäre Entwicklung von z. B. Alpha nach Omega (vgl. Teilhard de Chardin), die Entwicklungen verlaufen immer wieder zyklisch, und innerhalb dieser Zyklen besteht die Möglichkeit der Selbstverwirklichung. Daß der lineare Zeitbegriff hinsichtlich der alten Weisheitsüberlieferungen, der Existenz der Großen Pyramide von Gizeh, der Existenz von Karnak, Stonehenge usw. in arge Bedrängnis gerät, bleibt meistens unerwähnt. Der lineare Zeitbegriff weist einen starken Zusammenhang mit dem Begriff ‹neu› auf. Doch wirklich neu ist nur dasjenige, was wir nicht benennen, nicht vorhersehen, nicht planen können. Krishnamurti formulierte es in seinem *Letzten Tagebuch* wie folgt:

«Neu ist ein Wort für etwas, das niemals vorher war. Diesen Bereich kann man nicht mittels Worten oder Symbolen verstehen. Er liegt jenseits aller Erinnerungen, jenseits vom Gedächtnis.»[67]

Daß der Begriff ‹neu› auf keinen Fall mit ‹Fortschritt› gleichgesetzt werden darf, lehren uns vor allem die alten Weisheiten. Die Behauptung, die Menschheit hätte sich seit der Antike doch gewaltig weiterentwickelt, sollte uns veranlassen, bedenklich die Stirn zu runzeln. Worin und wohin haben wir und weiterentwickelt? Wir brauchen uns nur umzuschauen, um die Früchte unseres so lange gepriesenen Fortschritts zu sehen. Sogar mit dem Auto kommen wir vor lauter Staus kaum noch vorwärts.

Wer sich einigermaßen auskennt mit der alten chinesischen Weisheit eines Lao Tse, Chuang Tse oder Lieh Tse, mit den indischen *Upanishaden* oder der *Bhagavad-Gîtâ*, mit den Lehren des Nâgârjuna, dem *Dhamma* des Buddha, dem *Sonnengesang* des Echnaton, den *Psalmen* und *Sprüchen* des Alten Testaments oder mit dem *Thomasevangelium*, wird sofort bestätigen, daß dasjenige, was der Mensch in unserer Zeit an Weisheit hervorgebracht hat, neben den Erkenntnissen der sogenannten *Alten* oft völlig verblaßt. Vielleicht hat das Buch Prediger recht. Nicht weil seine Worte womöglich Wasser auf die Mühlen von Pessimisten sind, sondern, weil sie auf die Realität eines zyklischen Daseins verweisen, in dem alles eine Zeit des Entstehens und Vergehens hat, und alt und neu sich ergänzen, wie der Kopf und der Schwanz der sich in den Schwanz beißenden Schlange (Ouroboros). Das Universum nährt sich selbst. Nicht umsonst wird in unserer Zeit die Bedeutung von Begriffen wie Evolution, Zeit und Raum, Energie, Materie und Bewußtsein neu überdacht. Und gewiß nicht nur von Fundamentalisten, die fühlen, daß sie den Boden unter den Füßen verlieren, und als Reaktion auf ihre Unsicherheit und Angst zur ‹Sicherheit› des alten Glaubens und zur wörtlichen Interpretation alter Mythen zurückkehren.

Die Biologie und die Physik, vor allem die Quantenmechanik, die sich mit dem subatomaren Bereich beschäftigt, stellen heute tiefgehende, grundlegende Fragen über den Zusammenhang des Ganzen innerhalb und außerhalb der raum-zeitlichen Manifestationen des Universums (Hawking, Davies, Bohm, Sheldrake u. a.).

Das mechanistische Weltbild Newtons erweist sich als nicht länger haltbar. Der gewaltige Einfluß, den dieses Weltbild seit dem Beginn des 18. Jahrhunderts auf die gesamte Gesellschaft ausübte, wird jetzt auf vielen Gebieten zerschmettert, so daß wir die fließende und formgebende Energie des Lebens selbst wiederentdecken. Wie Heraklit, der das Gesetz des ewigen (unaufhaltsamen) Zerrinnens aller Dinge zum Ausdruck brachte mit den Worten: *In dieselben Flüsse steigen wir und steigen wir nicht: wir sind es und wir sind es nicht* (Fragment 49 a; vgl. Fr. 12 und 91). Oder wie Diogenes Laertius es im 3. Jahrhundert nach Christus bereits formulierte: *Alles verfließt wie ein Strom.*[68]

Es zeigt sich, daß Kosmos, Mensch und Tier mehr sind als eine perfekte Maschine. Und obwohl ein Philosoph wie De

Lamettrie mit seinem Werk *L'Homme-machine* gewiß noch nicht die uns seit der industriellen Revolution bekannte Maschine meinte, hat das durch Newtons Physik entworfene mechanistische Weltbild – das im Grunde eine Synthese war von all dem, was vor ihm u. a. Kopernikus, Kepler, Bacon, Galilei und Descartes entdeckt hatten – in unserer Zeit keine Gültigkeit mehr. Das wird sogar von Managern bestätigt, die die Möglichkeiten des ‹spirituellen Marktes› in zunehmendem Maße für die eigene Entwicklung und für eine Steigerung der Betriebsergebnisse nutzen.[69]

Wenn jemand wie Fritjof Capra solche Feststellungen in einer popularisierten Weise formuliert und seine Ideen auch noch ein Millionenpublikum erreichen, steigt das gesamte wissenschaftliche Establisment auf die Barrikaden, und es wird in allen Bereichen das Für und Wider von Capras Auffassungen einer neuen Zeit diskutiert. Wer weiß denn, ob alle neuen Ideen und wissenschaftlichen Entdeckungen unserer Zeit wirklich neu sind? Vielleicht vergessen wir so viel aus der Vergangenheit, daß das, was wir als Zukunft bezeichnen, in Wirklichkeit ein ständiges Zurückkehren in alte Fußspuren ist. Vielleicht wurde alles schon besser gesagt, entdeckt, formuliert, aber ist es noch nicht völlig zu uns durchgedrungen, oder wir können es durch den unaufhörlichen Verschleiß des Gehirns nicht erfassen. Vielleicht gibt es *den Mythos der ewigen Wiederkehr* (Eliade) oder *das ewige Jetzt* (Nietzsche), das innerhalb der fingierten Raum-Zeit-Einheit nur aufrückt, tatsächlich. Vielleicht wird sich irgendwann herausstellen, daß der Raum-Zeit-Begriff der Quantenmechanik mehr mit dem mythischen Konzept von Zeit und Raum zu tun hat, als wir bis jetzt annehmen. Vielleicht ist tatsächlich alles eitel, wie es im Buch Prediger heißt. Yang Chu, ein Schüler von Lao Tse, sagte schon:

«Die Taten aus der fernen Vergangenheit sind ausgelöscht. Wer kann sich ihrer noch erinnern?[70]

Vielleicht hatte Platon doch nicht so unrecht mit seiner Behauptung, daß alles Suchen und Lernen einzig und allein aus dem Sich-Verinnern, aus dem Erinnern also, besteht. Aber wer liest heute noch Platon? Das Universum erweist sich als ein riesiges Lager von Informationen, und die Informationen treffen wir in einer spezifischen und notwendigen Weise in allen Lebensformen (in-forma) an: als chemische und genetische Codes. Das menschliche Gedächtnis geht über das Hirn hinaus, sagt der amerikanische Neuropsychologe Dr. Pribram, der die *holographische Theorie* des Gehirns entwickelte. Daß wir bestimmte Dinge vergessen, ist eher dem von unserer Kultur eingeschränkten Erinnerungs*vermögen* anzulasten. Im Gegensatz zum mythischen Menschen, der sein Wissen durch Ritualisierung des Mythos aus einem psychischen Zentrum heraus immer wieder aktualisierte, ist der moderne Mensch zunehmend von externen Speicherformen wie Computern, Rechenmaschinen, Teletext und Video abhängig geworden. Paradoxerweise wird sein eigenes Gedächtnis dadurch überaus empfindlich. Daß das Gedächtnis auch anders funktionieren kann, beweist die Antike, in der das Gedächtnis in der Lage war, zahllose Geschichten in einer sehr exakten Weise zu speichern und wiederzugeben. Und wenn wir uns in die Zeit des alten Indiens vertiefen, sehen wir, daß es beispielsweise zu Lebzeiten des Buddha *Suttanandas* gab, Menschen, die sich von *innen heraus* an tausende Suttas des Buddha erinnern konnten; ein Gedächtnis, neben dem das unsere völlig verblaßt. Oder die Fili (Dichter) der Druiden*, die nach einer Ausbildung von mindestens zwölf Jahren nicht weniger als 350 Erzählungen auswendig kannten, was mit dem Ehrentitel des *ollamkh*, einer Art Doktorwürde, gekrönt wurde. Wieviele verbergen heutzutage unter ihrem Doktorhut noch soviel Beredsamkeit?

---

* Das Wort Druide wurde abgeleitet von dru-vida (veda), das auf das ‹alte Wissen› verweist.

4. Renaissance der östlichen Weisheit

Was in den Jahren 60–65 als *Renaissance der östlichen Weisheit* angesehen wurde, hat seine Wurzeln in dem durch die Philosophien von Platon und Aristoteles in Erscheinung getretenen Wandel vom Mythos zur Ratio. Wann immer östliche Einflüsse im Westen Eingang finden, geht dies mit einem starken Drang nach Einheit, Ganzheit und Harmonie einher, der als *Erfahrung* nur allzuoft von der einseitigen Ratio verdrängt wird.

Der Theologe Reinhart Hummel erstellte in seinem im westlichen Kulturbereich bekannt gewordenen Buch *Mission und Neue Frömmigkeit im Westen* eine ausführliche Analyse dieser ‹östlichen Strömung›. Prof. Han Fortmann, der bereits am Ende der fünfziger Jahre für den ganzheitlichen Menschen plädierte *(Heel de mens)*, bezog den Begriff *der östlichen Renaissance* in seinem gleichnamigen Buch auf die Jahre 65–70.

Nach Ansicht von Hummel gelangt die *erste Welle östlicher Einflüsse* Ende des 18. Jahrhunderts nach Europa, wobei vor allem westliche Intellektuelle wie Schopenhauer, Schlegel und Emerson den Osten entdecken. Die tiefe Bewunderung, die Goethe für den Osten hegte, und die größer war als die Rudolf Steiners, der sich häufig auf *Goethe* beruft, zeigt sich in seinem *Westöstlichen Diwan: Gesteht's, die Dichter des Orients sind größer als wir des Okzidents.* Auch Herder kam in den Jahren 1764–1769 mit dem Osten in Berührung. August Wilhelm von *Schlegel*, dem ersten Professor für Sanskrit in Deutschland, verdanken wir die erste Übersetzung der *Bhagavad-Gîtâ* (1823), der er auch eine lateinische Übersetzung hinzufügte. Der Naturforscher, Ethnograph und Entdeckungsreisende Wilhelm von Humbold war von dieser Übersetzung so tief ergriffen, daß er seinem Freund, dem Diplomaten Gentz schrieb, er danke Gott, daß er es noch erleben durfte, dieses wundervolle Gedicht lesen zu können.

Friedrich Rückert machte die östliche Poesie durch seine zahlreichen Übersetzungen und Nachdichtungen für den Westen zugänglich. *Schopenhauer* genoß die Lektüre der *Upanishaden* und interessierte sich sehr für den Buddhismus, während Paul Deussen, ein Verehrer Schopenhauers und Freund Nietzsches, eine umfangreiche Geschichte der indischen Philosophie schrieb und Texte aus der reichen Veda-Tradition übersetzte. *Max Müller* veröffentliche den *Rigveda*-Text als erster in sechs großen Quartbänden und versah ihn mit einem umfangreichen Kommentar des mittelalterlichen Abtes Sajana (Oxford, 1849–1874). Diese Veröffentlichung war einzigartig, da der Text in Indien selbst noch nie im Druck erschienen war. Nur einige wenige indische Priester kannten den Text aus der mündlichen Überlieferung und besaßen Handschriften davon. Die erste Gesamtausgabe der *Rigveda* wurde von dem Wiener Gelehrten Alfred Ludwig publiziert.

Aber nicht nur der Hinduismus gelangte am Ende des 19. Jahrhunderts nach Europa, aber Taoismus und Buddhismus wurden dem Westen erschlossen. Besonders für den Taoismus zeigten viele große europäische Denker Interesse (Christian Wolff, Kant, Lichtenberg, Herder, Hegel und Friedrich Wilhelm Joseph von Schelling).

Der protestantische Alttestamentler Julius Grill, Professor in Tübingen, entdeckte etwa 80 Gemeinsamkeiten zwischen dem neuen Testament und dem *Tao-Te-King* des Lao Tse. 1910 schrieb Grill über *Lao Tse:*

«Es könnte sein, daß, weil er in seiner Zeit nicht ganz verstanden worden ist, seine Zeit überhaupt erst im Kommen ist; daß er nicht ein Mann und ein Name der Vergangenheit ist, sondern eine Kraft der Gegenwart und Zukunft. Er ist moderner als die Modernen und lebendiger als viele Lebende.»[71]

Zur Zeit sind die taoistischen Klassiker in vielen Sprachen erhältlich und werden mit großem Interesse gelesen. Viele zeitgenössische Dichter, Schriftsteller, Philosophen und Wissenschaftler wie Elias Canetti, Marguerite Yourcenar, Jean Grenier, Jaspers, Jung, Bloch und Heidegger ließen sich von den chinesischen Klassikern inspirieren. Das *Tao-Te-King* gehört zu den meistgelesenen Büchern unserer Zeit.

Um die Erschließung des Buddhismus haben sich u. a. K. E. Neumann, Jacobi, Dahlke, Glasenapp, Conze und Humphrey verdient gemacht. Künstler wie Richard Wagner, Gustav Meyrink, Graf Hermann Keyserling und Hermann Hesse, aber auch der Psychologe *C. G. Jung* und der Phänomenologe Edmund Husserl zeigten großes Interesse für den Buddhismus, auch wenn jeder von ihnen den Dhamma (die Lehre) des Buddha anders verarbeitete.[71a]

Jung hat in mehreren Werken versucht, eine Brücke zwischen Ost und West zu schlagen, ohne Verlust der Identität beider Kulturbereiche. Zusammen mit dem deutschen Sinologen Richard Wilhelm veröffentlichte und kommentierte er *Das Geheimnis der Goldenen Blüte,* einen taoistischen Text über das chinesische Yoga, der zugleich als ein alchemistisches Traktat interpretiert werden kann.[71b]

Aus der Begegnung von Tao und Dhamma entwickelte sich das *Zen,* nachdem der Buddhismus der Überlieferung zufolge von Bodhidharma (6. Jh.), dem 28. Patriarchen nach dem Buddha und ersten Zen-Patriarchen, von Indien nach China gebracht worden war. Sechs Jahrhunderte später können wir seine Spur bis nach Japan verfolgen und nach weiteren 600 Jahren sehen wir, wie das Zen im Westen aufkeimt. Dort stand das Zen wegen des undogmatischen Unterrichts und der Betonung der *Erleuchtungserfahrung* schon bald im

Mittelpunkt des Interesses. Jaspers, Jung, Fromm, Heidegger, Huxley, Marcel, Read, Toynbee und viele andere große Geister wurden von dem Geist des Zen getroffen, der jeden Umweg des Denkens zu vermeiden versucht und *keinen Kopf über den Kopf* setzen will. Nur das *Hier und Jetzt,* in dem Weg und Ziel zusammenfallen, ist von Bedeutung, wie der Zen-Meister *Dôgen,* aus dessen Geschlecht Suzuki stammt, bereits lehrte.

Bodhidharma erhielt seinen Namen von seinem Lehrer Panyata wegen seiner Fähigkeiten hinsichtlich der Wahrheit (dharma) und der Erleuchtung (bodhi). Einst hatte der Buddha den Dharma gelehrt und einen subtilen Ausdruck dafür gefunden: Seinem Schüler Kassapa, von dem es heißt, er habe den ursprünglichen Geist des Buddhismus, u. a. in der Form des Zen, weitergegeben, überreichte er wortlos und lächelnd eine Lotusblüte. Im Vorwort des Buches *Einführung in den Zen-Buddhismus* von Prof. Dr. *D. T. Suzuki* schreibt Prof. Dr. *C. G. Jung:*

«Wer sich aber längere Zeit in verständnis- und liebevoller Weise mit der Blumenhaftigkeit des fernöstlichen Geistes beschäftigt hat, für den fallen viele jener Erstaunlichkeiten weg, welche den allzu naiven Europäer von einer Verlegenheit in die andere versetzen. Zen ist wohl eine der wunderbarsten Blüten des chinesischen Geistes, welcher sich willig von der ungeheuren Gedankenwelt des Buddhismus befruchten ließ. Wer sich daher auch nur einigermaßen – d. h. unter Verzicht auf gewisse abendländische Vorurteile – mit der buddhistischen Lehre auseinandergesetzt hat, der wird unter der bizarren Hülle der individuellen Satori-Erlebnisse Tiefen erahnen oder beunruhigende Schwierigkeiten wittern, von denen der philosophische und religiöse Westen bisher glaubte absehen zu dürfen. Wenn man Philosoph ist, so hat man es ja ausschließlich mit jenem Verstand zu tun, der seinerseits mit dem Leben nichts zu tun hat. Und wenn man ein ‹Christ› ist, so hat man es überhaupt mit keinen Heidentümern zu tun (‹*Herr ich danke dir, daß ich nicht bin wie die-*

ser da›). Innerhalb dieser abendländischen Bezirke gibt es kein Satori. Letzteres ist eine östliche Angelegenheit. Ist sie es wirklich? Gibt es bei uns in der Tat kein Satori?»[72]

Jung zeigt auf, daß es im Westen ebenfalls eine Tradition von *Satori*, Erleuchtung, gibt. Beispiele dafür finden sich sowohl in der Mystik als auch in der Alchemie. Unter dem sogenannten *Bizarren* verbirgt sich ein *natürliches Ereignis*. Jung selbst, der zweimal in Indien war, konnte sich jedoch, trotz des Drängens seines Freundes Heinrich Zimmer, nicht dazu durchringen, den erleuchteten Ramana Maharshi zu besuchen. Schreckte er etwa doch davor zurück, seine Autorität aufs Spiel zu setzen?[73]

Neumann ging sogar soweit, den westlichen Mystiker Meister Eckhart mit dem Buddha zu vergleichen, was viele ihm übelgenommen haben.

Die ersten Übersetzer, die die ursprünglichen Suttas des Buddha aus dem Pâli übertrugen, haben oftmals scharfe Kritik an theosophischen und esoterischen Gruppierungen geübt. Diese hätten, nach Meinung der Übersetzer, anstatt einer reinen Wiedergabe der Worte Buddhas einen *esoterischen Buddhismus* (Sinnett) und einen *esoterischen Taoismus* geschaffen. So schreibt Prof. *Lorenzo*, ein Freund K. E. Neumanns, es habe eine Degeneration des Buddhismus stattgefunden:

«... z. B. in den Salons unter den *Snobs* und den intellektuellen Damen, wo das Produkt einer sonderbaren Mischung aus sogenanntem esoterischem Buddhismus und Theosophie, Pietismus, Okkultismus, Spiritismus und anderen -Ismen viele europäische und amerikanische Proselyten gemacht hat und sich sogar nach Asien ausweitet, wo es jedoch nicht auf fruchtbaren Boden gefallen ist.

So ist in Europa eine Art von englischem oder Neo-Buddhismus entstanden, der ebenso wie Neo-Platonismus, Neo-Christentum und Neo-Kantianismus eine Degeneration der alten

Lehre ist. Das geht allein schon aus der Tatsache hervor, daß diese Neo-Buddhisten im allgemeinen statt der Worte Gotama Buddhos vorzugsweise ihre eigenen Ideen bzw. die Verse von Sir Edwin Arnold oder die Thesen irgendeines deutschen Theosophen zitieren.

Eine derart scheinheilige, mit irgendeinem wissenschaftlichen Mäntelchen bedeckte Gruppe, ohne jede wirkliche philologische Kultur, völlig unbekannt mit den alten Weisheitstexten, setzt der breiten Masse auf ihre Weise eine Art *Potpourri* groben Buddhismus vor, ohne sich der inneren wissenschaftlichen Ernsthaftigkeit und der absoluten Ehrfurcht, die sie den Worten Gotama Buddhos schulden, bewußt zu sein. Im 32. Gespräch des *Majjhima-Nikâya* hat uns der Buddha folgendes überliefert: ‹Da hat, Bruder Sâriputto, ein Mönch viel gehört, ist Behälter des Wortes, Hort des Wortes der Lehre; und was da am Anfang begütigt, in der Mitte begütigt, am Ende begütigt und sinn- und wortgetreu das vollkommen geläuterte, geklärte Asketentum überliefert: das kennt er, behält er, beherrscht er mit der Rede, bewahrt es im Gedächtnis, hat es von Grund auf verstanden!›»[74]

Solche scharfen Worte erklären sich vielleicht aus dem großen Respekt für eine richtige Übersetzung der ursprünglichen Texte, sie tragen aber auf keinen Fall zu gegenseitigem Verständnis bei und haben nichts mit dem Geist der Ruhe gemeinsam, den der Buddha ausstrahlte.

Es ist ohne Zweifel richtig, daß einige esoterische Strömungen den Buddhismus in ihre Systeme integrieren wollen. Ein markantes Beispiel ist *Rudolf Steiner,* der den Buddha u. a. in seinem *Lukasevangelium* in schroffer Weise seiner eigenen, christozentrischen Sichtweise unterordnete.

Das Problem liegt jedoch darin, daß sowohl die einzelnen esoterischen Bewegungen als auch diejenigen, die sich mit der Übersetzung der ursprünglichen Buddha-Texte befaßten, viel zu wenig Ahnung von den jeweiligen Hintergründen hatten. Die scharfen Worte von Prof. Lorenzo beziehen sich gewiß nicht auf die wahre *theosophia* und *anthroposo-*

phia. Der falsche Gebrauch buddhistischer Texte durch esoterische Bewegungen oder das Schöpfen aus *Akâsha,* dem
Gedächtnis der Welt, sind dem richtigen Verständnis des
Dhammas des Buddha nicht gerade förderlich. Es wäre au-
ßerordentlich fruchtbar und erhellend, wenn z. B. zwischen
den einzelnen buddhistischen Schulen und den theosophischen, anthroposophischen und Rosenkreuzer-Schulen ein
Dialog zustande käme. Vor allem der Aspekt der sogenannten *Aufgefahrenen Meister* und ihrer *Hierarchie,* zu der auch
der Buddha gehören würde – was innerhalb des Theravâda-
Buddhismus undenkbar wäre –, verdient ein tiefgehendes
Gespräch, in dem die gegenseitigen Auffassungen verdeut-
licht und auf die ursprünglichen Texte verwiesen werden
müßte.

Doch kehren wir zum geschichtlichen Abriß der Renaissance des östlichen Wissens zurück: Deutschland wurde ein
wichtiges Tor für westliche Esoterik und westlichen Okkultismus, aber zugleich auch für Buddhismus, Hinduismus
und Mystik. Aus der Flut der östlichen Literatur, die den Westen überschwemmte, ergab sich schon bald die Gefahr des
Synkretismus, der Verschmelzung von philosophischen und
religiösen Auffassungen und Sichtweisen unterschiedlicher
Herkunft ohne hinreichende Beachtung der jeweiligen
Gegensätze, wodurch das Zustandekommen einer wirklichen Synthese verhindert wird.

Die *zweite Renaissance der östlichen Weisheit* läßt Hummel
1893 beginnen, als Vivekananda, Schüler von Ramakrishna,
beim ‹Weltkongreß der Religionen› in Chicago den Hinduismus als Synthese aller Religionen anführt, eine These, die
zum Beispiel von den Theravâda-Buddhisten, für die der Begriff Religion keine Gültigkeit hat, nicht akzeptiert wird.
Diese zweite Welle der Renaissance östlicher Weisheit fiel
dank der vorbereitenden Arbeit der Theosophischen Vereinigung auf fruchtbaren Boden. Kurz darauf erscheint das
wichtige Werk *Eastern Religions and Western Thought* (1939)

des bekannten Professors für vergleichende Religionswissenschaft und ehemaligen indischen Vize-Präsidenten *Sarvepalli Radhakrishnan*. Nicht zu unterschätzen war auch der Einfluß der Werke von *Paul Brunton*, Schüler von Shri Ramana Maharshi, der mit flüssig geschriebenen Büchern wie *A hermit in the Himalayas* und *The wisdom of the Overself* viel Erfolg hatte, zugleich jedoch viele östliche Ideen stark synkretisiert im Westen einführte.

Eine *dritte Renaissance östlicher Weisheit* tritt in den sechziger Jahren in Erscheinung, als zahllose Jugendliche in den Osten pilgern und sich mit Meditation und Yoga beschäftigen, während sich vom Osten her ein immer stärker werdender Einfluß unterschiedlicher Gurus verzeichnen läßt. Denken wir nur an Shri *Aurobindo* mit seinem *integralen Yoga*, an Maharaj Charan *Singh* mit seinem *Göttlichen Pfad*, an die Hindulehrer Muktananda Paramahansa (Lehrer von Da Love-Ananda), Ramakrishna, Shri Ramana Maharshi und Shri Nisargadatta, von denen jeder eine eigene Auffassung von Befreiung hatte. Nicht zu vergessen sind auch Maharishi Mahesh Yogi mit seiner Transzendentalen Meditation, *Krishnamurti* (der sich übrigens niemals als Lehrer oder Weltlehrer sehen wollte) mit seiner Lehre des *choiceless awareness*, die hinduistisch gefärbte Befreiungsauffassung des Avatars Sai Baba und der umstrittene Bhagwan Shri Rajneesh, der aus zahllosen religiösen Traditionen schöpfte und seinen Namen kurz vor seinem Tod in Osho Rajneesh umwandelte.

Aus Hummels Sichtweise müßten wir in unserer Zeit von einer *vierten Renaissance* östlichen Wissens sprechen. Heute versuchen Physiker wie *Fritjof Capra* und *Gary Zukav* in ihren Büchern *Das Tao der Physik* und *Die tanzenden Wu Li Meister* (Wu Li ist das chinesische Wort für Physik) östliche und westliche mystische Erfahrungen zu verbinden, was ihnen zugleich Lob und Tadel einbringt. Was immer man von diesen Versuchen halten mag, es zeigt sich, daß viele Paradigmen (Denkinhalte, aufgrund derer wir der Wirklichkeit mit bestimmten Werten und Normen begegnen) durch die neuen Entdeckungen der Physik und anderer Wissenschaften einiges von ihrer Zähigkeit eingebüßt haben.

Es zeigt sich auch, daß der Westen keineswegs das ‹Bewußtsein› verloren hat, sondern daß sich innerhalb der westlichen Kultur eine Renaissance östlicher Weisheit verzeichnen läßt.[74a] Eine Renaissance, die den Westen auffordert, sich vor allem auf die eigene esoterische und mystische Tradition zu ORIENTieren. Nur so kann zwischen Ost und West ein fruchtbarer Dialog über die Wirklichkeit in Gang gesetzt werden.

Daß die Wirklichkeit nicht so ist, wie wir *annehmen*, geht zum Beispiel auch aus dem Erscheinen eines *Avatars* hervor, der uns eine völlig andere Wirklichkeit zeigt, als die, die wir aus den gängigen wissenschaftlichen Beschreibungen kennen. Traditionelle Paradigmen werden nicht nur durch die zeitgenössische Physik zerschmettert, sondern auch, und in stärkerem Maße, durch den Avatar unserer Zeit, *Sathya Sai Baba*. Gerade in der kritischen Epoche der Menschheitsentwicklung, dem Kaliyuga, stellt er den Dharma (das, was das wahre Wesen ausmacht) in der Welt wieder her.

5. Vier Weltzeitalter:
Kaliyuga und der Wassermann

«Die Menschen, die in ihrer Unwissenheit die Erscheinung für die Wirklichkeit halten, glauben, ich sei in einer körperlichen und geistigen Form eingeschlossen. Ebenso teilen sie die Zeit, die unteilbar ist und ununterbrochen, in Zyklen, Jahre und Jahreszeiten auf.» *(Shankara)*[75]

In Kapitel 2 (Seite 36) sprachen wir bereits über die *Tage und Nächte* Brahmâs, über Manvantaras, Pralayas, Yugas und Kalpas. Nähere Einzelheiten über die tausend Yugas oder die tausend Perioden der vier Weltzeitalter oder kosmischen Jahreszeiten finden wir u. a. in den Purânas, zu denen auch die *Bhagavad-Gîtâ* gehört.

Ein Tag des Brahmâ wird ein *Kalpa* genannt und besteht aus tausend *Zyklen.* Jeder Zyklus besteht wiederum aus vier Weltzeitaltern, die auch *Yugas* oder kosmische Jahreszeiten genannt werden. Innerhalb der tausend Zyklen offenbaren sich noch viele andere Zyklen, in denen zum Beispiel die menschliche Rasse erscheint und verschwindet. In den Purânas sind diese Zyklen exakt ausgearbeitet worden (u. a. in den *Vishnu-Purâna und dem Linga-Purâna*). In der *Geheimlehre* wird öfters auf die Purânas verwiesen.

Ein *Yuga* besteht also aus *vier Weltzeitaltern:* Satyayuga, Tretâyuga, Dvâparayuga und Kaliyuga bzw. dem Goldenen Silbernen, Kupfernen und Eisernen Zeitalter, die man mit Frühjahr, Sommer, Herbst und Winter vergleichen könnte. Aufgrund der Informationen aus dem *Linga-Purâna* und dem *Vishnu-Purâna* sowie den nach wie vor verwendeten Zeitberechnungen des Alten Indiens läßt sich der folgende Zeitplan der vier Weltzeitalter aufstellen, der uns einen besseren Einblick in die heutige Zeit erlaubt.

Morgendämmerung des Satyayuga (Goldenes Weltzeitalter)
58 042 v. Chr.
Beginn des Satyayuga 56 026 v. Chr.
Beginn des Verfalls des Satyayuga 35 864 v. Chr.
Morgendämmerung des Tretâyuga (Silbernes Weltzeitalter)
33 848 v. Chr.
Beginn des Tretâyuga 32 336 v. Chr.
Beginn des Verfalls des Tretâyuga 17 215 v. Chr.
Morgendämmerung des Dvâparayuga (Kupfernes Weltzeitalter)
15 703 v. Chr.
Beginn des Dvâparayuga 14 695 v. Chr.
Beginn des Verfalls des Dvâparayuga 4614 v. Chr.
Morgendämmerung des Kaliyuga (Eisernes Weltzeitalter)
3606 v. Chr.
Beginn des Kaliyuga 582 v. Chr.
Beginn des Verfalls des Kaliyuga 1939 n. Chr.
Ende des Kaliyuga 2442 n. Chr.

Obwohl die Purânas, wie wir sie im heutigen Zyklus kennen, nach Meinung der Historiker zwischen dem 1. und 10. Jahrhundert n. Chr. entstanden sind, deuten esoterische Lehren darauf hin, daß ihr Alter nicht zeitgebunden ist und daß sie von alters her von den *Rishis,* den großen Weisen, von Yuga zu Yuga überliefert wurden. Im *Mahâbhârata-Epos* wird ausdrücklich von den vier Weltzeitaltern, den vier Yugas, gesprochen, in denen ein zunehmender Verfall und das Verschwinden des Dharma, des Einblicks in das göttliche Gesetz, zu verzeichnen ist. *Satyayuga* wird von Weisheit, Tugend, wahrer Religion und dem Fehlen von Übel und Unwissenheit gekennzeichnet. Im *Tretâyuga** kommt das Böse

* Tretâyuga ist Sanskrit für ‹Zeitalter der drei rituellen Feuer›. Gemeint

116

allmählich auf. Das *Dvâparayuga* (Sanskrit für ‹Zeitalter des Zweifels›) zeigt eine Zunahme des Bösen und des Zweifels am Dharma, was sich in einem gesteigerten Verfall von Weisheit, Religion und Tugend äußert. Im *Kaliyuga* schließlich wird ein absoluter Tiefpunkt erreicht, was in einem Übermaß an Krieg, Gewalt, Bruderzwist, Unwissenheit, Gottlosigkeit und Immoralität, kurz im Bösen, zum Ausdruck kommt. Nicht umsonst wird Kaliyuga das *Eiserne Zeitalter* genannt. Kali ist Sanskrit für Zwist, Streit, Konflikt. Es darf nicht verwechselt werden mit Kâlî, der *Ehefrau* von Shiva, Symbol der weiblichen Energie Shivas, der über Leben und Tod herrscht.

Wie aus der Übersicht hervorgeht, wird jedes Yuga von einem kürzeren Yuga abgelöst. Die untenstehende Tabelle zeigt dies in vereinfachter Form:

Dauer des Satyayuga	24 195	Jahre
Dauer des Tretâyuga	18 146	Jahre
Dauer des Dvâparayuga	12 097	Jahre
Dauer des Kaliyuga	6 048,72	Jahre

Die Gesamtdauer der vier Weltzeitalter beträgt 60 487 Jahre. Kaliyuga ist also das kürzeste Zeitalter, obwohl diese leidvolle Periode, in der der Mensch sich weigert, den Dharma (u. a. das Gute) auszuüben, für menschliche Maßstäbe sehr lange dauert. In allen Kulturen gibt es Lehrer und Erleuchtete, die den Menschen die Erkenntnis vermitteln, wie sie sich aus dem Kreislauf von Leben und Tod befreien können. Die dabei angewandten Methoden sind zwar in jedem Zeitalter unterschiedlich, aber die Möglichkeit ist stets vorhanden. Der Verfall von Kaliyuga begann im *Mai 1939,* zu Beginn

sind das geistige Feuer, das Opferfeuer und das Feuer des häuslichen Herdes, die wiederum die Kultur, die Landwirtschaft und die Städte symbolisieren.

des Zweiten Weltkriegs. Über diese vier Zeitalter sagte der vor kurzem verstorbene Maharaj Charan Singh Ji:

«Die vier Zeitalter (das Goldene, Silberne, Kupferne und Eiserne) folgen einander in ständigem Wechsel. Jedes Zeitalter hat seinen eigenen Zeitgeist und seine Eigentümlichkeiten, und der Mensch muß sich diesen wechselnden Bedingungen anpassen. Wahrheit ist etwas Unendliches und Ewiges, aber der Geist des Menschen ist begrenzt. In jedem Zeitalter müssen wir die Wahrheit immer wieder neu entdecken.

Die Welt begann mit Satyayuga – dem Goldenen Zeitalter. In jedem Zeitalter war die Spanne des menschlichen Lebens sehr lang. Die Aufmerksamkeit des Menschen war nicht zerstreut. Sein Körper war kräftig und gesund. Die Konzentration kostete ihn nur geringe Mühe. WAHRHEIT hatte die größte Gewalt über die Welt, und es war leicht, sie zu erklären und zu üben. – Doch im Verlaufe der Zeiten wurde unser Leben immer kürzer, unsere Gesundheit zerbrechlicher und die Aufmerksamkeit so zerstreut, daß es immer schwieriger wurde, das Denken zu konzentrieren. Unsere Wünsche wurden mächtiger und richteten sich immer mehr auf die Materie. Die Welt der Sinne fing an, mehr und mehr unsere Gedanken zu beherrschen. Kurz gesagt, die Methoden, die im Goldenen Zeitalter angewandt wurden, um zum Herrn zurückzukehren, können uns im gegenwärtigen Eisernen Zeitalter nicht mehr helfen. Wenn ein Mensch heute 50, 60 oder auch 70 und 80 Jahre alt wird, schätzt man ihn glücklich. Die menschliche Gesundheit ist unvergleichlich schlechter als im Goldenen Zeitalter, und man kann froh sein, wenn man nur eine Stunde lang in Meditation zu sitzen vermag, ohne das Bedürfnis, seine Stellung zu ändern. Unsere Gedanken flattern so zerstreut umher, daß unsere Aufmerksamkeit nicht einmal fünf Minuten lang in ruhiger Konzentration verharrt.»[76]

Auch der Mazdaismus, die altiranische, nach dem Hauptgott Ahura Mazda benannte und im 6. Jahrhundert v. Chr. von Zarathustra reformierte Religion, kennt die vier großen Weltzeitalter. Sie werden ebenfalls mit den vier Metallarten

Gold, Silber, Kupfer und Eisen verglichen. Am Ende des letzten und kritischen Zeitalters wird ein Heiland, ein *Retter der Welt*, ein Saoshyant, auferstehen. Hesiod, Ovid und *Daniel* wußten ebenfalls um den Zyklus der vier Zeitalter. Als der babylonische König Nebukadnezar im Traum ein Bild aus Gold, Silber, Bronze und Eisen sieht, ist allein Daniel, dank einer göttlichen Offenbarung, in der Lage, den Traum zu deuten:

«Du, o König, hattest ein Gesicht und schautest eine gewaltige Bildsäule. Jene Bildsäule war überaus groß, ihr Glanz ganz außergewöhnlich. Sie stand vor dir. Ihr Aussehen war furchterregend. An diesem Bild war der Kopf von lauterem Golde, seine Brust und seine Arme aus Silber, sein Bauch und seine Hüften aus Erz; seine Schenkel waren aus Eisen, seine Füße teils aus Eisen, teils aus Ton. Du schautest hin, bis sich ein Stein ohne Zutun von Menschenhand loslöste, die eisernen und tönernen Füße traf und sie zermalmte. Da zerstoben im Nu das Eisen, der Ton, das Erz, das Silber und das Gold. Sie wurden wie Spreu auf den sommerlichen Tennen; der Wind trug sie fort, und keine Spur fand sich mehr von ihnen. Der Stein aber, der die Bildsäule getroffen hatte, ward zu einem großen Berg und erfüllte die ganze Erde. Dies war der Traum, und seine Deutung wollen wir nun dem König vortragen: Du, o König der Könige, dem der Gott des Himmels Königsherrschaft, Reichtum, Stärke und Ruhm verliehen hat, du, dem er die Menschen in der ganzen bewohnten Welt, die Tiere des Feldes und die Vögel des Himmels in die Hand gegeben, und den er zum Herrscher über sie alle bestimmt hat, du bist das Haupt von Gold! Nach dir ersteht ein anderes Reich, geringer als deines, und dann ein anderes, drittes Königreich von Erz, das über alle Länder herrschen wird. Ein viertes Reich wird hart wie Eisen sein; denn Eisen zerschlägt und zermalmt ja alles. Wenn du die Füße und Zehen teils aus Töpferton, teils aus Eisen sahst, so hat das folgende Bedeutung: Das Reich wird nicht einheitlich sein, wird aber etwas von der Härte des Eisens haben; darum sahst du Eisen mit Tonerde gemischt.»

(Daniel, 2,31–42)

Dies Eiserne Reich ist das Reich von Kaliyuga, das Zeitalter des Verfalls in vielen Bereichen, das Zeitalter der Entwertung aller Werte, der Entgöttlichung von Mensch und Natur. Das Häßliche wird als schön und das Schöne als häßlich angesehen. *Platon* beschreibt in seiner *Kritias* den Untergang von Atlantis, der in einem vorhergehenden Kaliyuga-Zyklus stattfand und sich in mehreren Phasen vollzog:

> «Als aber der Anteil des Gottes in ihnen dadurch schwand, daß er viel und häufig mit Sterblichem versetzt wurde, und der menschliche Charakter die Oberhand gewann, da vermochten sie bereits nicht mehr ihre Lebensumstände zu ertragen und benahmen sich schändlich und erschienen dem, der sehen konnte, als häßlich, indem sie das Schönste unter allem Wertvollsten zugrunde richteten; dagegen wurden sie von denen, die nicht imstande waren, ein wahrhaft zur Glückseligkeit *führendes* Leben zu sehen, damals erst recht für vollkommen schön und für glückselig gehalten, wo sie erfüllt waren von ungerechter Habgier und Macht.»[77]

Kaliyuga ist das Zeitalter des Rückgangs und keineswegs das Zeitalter einer erfüllten geistigen Evolution. Anthropologen, die eine Zeitlang die alten Evolutionsschemen von z. B. Morgan und White verwendeten, stellten selten die Frage, wieso der Neanderthaler, der nach Richard E. Leakey vor ± 30 000 bis 100 000 Jahren lebte und eine frühe Form des homo sapiens war, ein Gehirnvolumen von nicht weniger als 1400 cm^3 hatte und damit die 1200 cm^3 des modernen Menschen bei weitem übertraf.[78] Die Purânas und *Die Geheimlehre* enthalten wichtige Informationen über die Evolution des Menschen, die allmählich auch von Wissenschaftlern, wie z. B. Alain Danielou, entdeckt werden.

Kaliyuga ist das Zeitalter, in dem sich sämtliches Karma (Folgen des Verhaltens) individuell, in Gruppen, in Völkern und weltweit entlädt. Alles, was an Negativem, Bösem und moralischem Verfall gesät wurde, tritt in dieser Periode voll und ganz in Erscheinung. Erst danach kann sich die ‹neue Zeit›, das ‹Goldene Zeitalter› manifestieren. Die ‹neue Zeit› kann sich nicht eher offenbaren, als bis alles Übel beseitigt und der Dharma (Gerechtigkeit usw.) wiederhergestellt ist.

Die westliche Zeitrechnung eines zodiakalen oder großplatonischen Jahres (25 920 Jahre), innerhalb welchem sich der Kreislauf unseres Sonnensystems in zurücklaufender Richtung vollzieht, ist nur ein Bestandteil viel größerer Zyklen, über die uns die Purânas nähere Einzelheiten mitteilen. Obwohl der Verfall von Kaliyuga eng zusammenhängt mit dem, was die westliche Esoterik den Einfluß des Wassermanns oder Aquarius nennt, ist es nicht so, daß wir bereits in wenigen Jahren im ‹Goldenen Zeitalter› leben werden. Wohl werden wir, je schneller der Verfall von Kaliyuga fortschreitet und sich das negative Karma entlädt, den zunehmenden Einfluß des Aquarius verspüren können, der das Treibholz von Kaliyuga wegschwemmt und die ‹neue Zeit› einläuten wird. Diese ‹neue Zeit› wird gegen Ende des Wassermann- und zu Beginn des Steinbockzeitalters (Capricornus) allmählich aufblühen und ab ca. 2442 nach Christus etwa 24 195 Jahre andauern, was fast einem platonischen Jahr entspricht. Der heutige Aquarius-Einfluß fällt mit dem Verfall von Kaliyuga zusammen, der nächste Aquarius-Einfluß wird sich mit dem nächsten Tretâyuga überschneiden. Was wir heute als *das Ende der Zeiten* bezeichnen, ist also das Ende des *vierten Zyklus,* des Kaliyuga, der Winterzeit, in der auf allen möglichen Gebieten Unfruchtbarkeit herrscht und der Dharma auf die meisten Menschen nahezu keinen Einfluß mehr hat.

Nirgendwo ist dieses Zeitalter auf so enthüllende und erschütternde Weise vorausgesagt worden wie in den *Purânas.* Den Purânas zufolge ist es ein Zeitalter, in dem Lüge und Boshaftigkeit regieren, in dem die Herrscher der Erde gewalttätig sind und versuchen, die Güter ihrer Untertanen an sich zu reißen. Bürger werden nicht mehr vom Gesetz geschützt. Überall wird gestohlen. Diebe bestehlen Diebe, und Unzählige sind unzuverlässig, niederträchtig und zu allem fähig. Zahllose Kinder werden früh sterben. In diesem schrecklichen Zeitalter wird das Leben kurz sein. Ein Hundertjähriger wird die Ausnahme bilden. Die Begierden lassen sich nicht befriedigen, und Mitleid ist ein Wort, dessen Bedeutung man kaum noch kennt. Überall keimen falsche Ideen auf, die von falschen Lehrern ausgesät wurden. Die Törichten haben die Macht, die Weisen werden verfolgt oder dienen mittelmäßigen, eitlen oder von Haß besessenen Menschen. Die Integeren verzichten darauf, im Leben eine aktive Rolle zu spielen. Die Menschheit wird vom Neid gequält. Die Gleichgültigkeit gegenüber Leben, Krankheit, Hungersnot und Angst wird immer weitere Kreise ziehen. Der Gott des Regens wird verwirrt sein, und auf der Erde werden große Trockenperioden herrschen. Die Menschen werden sich dann von Blumenzwiebeln und Wurzeln ernähren müssen. In bestimmten Regionen wird die Erde sehr viel und in anderen nur sehr wenig Ertrag bringen.

Die Sittenlosigkeit wird von Tag zu Tag zunehmen. Priester lassen sich dazu herab, Sakramente zu verkaufen, Abenteurer verkleiden sich als Mönche mit kahlgeschorenen Köpfen und orangefarbenen Gewändern, ausgestattet mit Malas, den Perlenschnüren. In falschen Ashrams verehrt man falsche Messiasse, die im Namen der Religion willkürlich Pilgerfahrten, Buß- und Fastenübungen, Güterschenkungen und Kasteiungen anordnen werden. Der Gebrauch von grober, derber Sprache wird an der Tagesordnung sein. Nur wenige werden einem anderen ohne irgendwelche Nebenabsichten einen Dienst erweisen.

Materialismus und Gottlosigkeit beherrschen die Erde. Die Menschen leben ohne Ziel, und Zahllose begehen Selbstmord. Der Mensch läßt sich von Leidenschaft und Unwahrheit leiten und hält sich nicht länger an die überlieferten Schriften. Der in den heiligen Büchern aufgezeigte Weg bleibt unbeachtet. Religiöse Praktiken und Frömmigkeit verlieren dann jeden Sinn. Man wird die Vorfahren nicht mehr ehren. Die geistige Bedeutung der Kasten geht verloren, und jeder wird gleich sein. Die vier Lebensphasen werden geschändet, Frauen, Kinder und Kühe getötet. Rassenunterschiede, der heilige Charakter der Ehe, die Lehrer-Schüler-Beziehung und die Bedeutung von Ritualen werden mißachtet. Frauen werden die Unabhängigkeit vom Mann anstreben, sich mit ausgefallenen Frisuren schmücken und ihre mittellosen Ehemänner für reiche Männer verlassen. Frauen aus hohen Kreisen werden sich den Begierden niederträchtiger Männer willig hingeben und obszöne Handlungen verrichten. Männer werden alles tun, um viel Geld zu verdienen. Die Menschen werden zu viele Kinder zeugen, gierig, zu lang an Gestalt und vergnügungssüchtig sein. Die Zahl der Prinzen und Bauern wird allmählich sinken. Die Arbeiterklasse wird versuchen, die königliche Macht an sich zu reißen und das Wissen, die Mahlzeiten und die Betten der alten Prinzen zu ergattern. Diebe werden zu Königen und Könige zu Dieben. Wer keine Kriegertugenden hat, will König werden. Die Könige werden allmählich verschwinden und ihre Königreiche werden verfallen. Die Bauern werden ihr umgepflügtes Land und ihre Ernte im Stich lassen, um ungeschulte Arbeiter zu werden. Sie werden sich die Sitten derer aneignen, die außerhalb der Kasten stehen. Die Arbeiter werden sich wie Brahmanen und die Priester wie Arbeiter benehmen.

Der Mensch wird blind sein für den moralischen Verfall, und die Beziehungen zwischen Mann und Frau, Eltern und Kindern, Familien und Völkern werden gestört sein. Die Brutalität wird zunehmen und in den Städten und auf dem Land werden sich Banden organisieren. Es wird zahlreiche politische Flüchtlinge geben. Die Sexualität wird pervertiert sein, und Egoismus, Verlogenheit und das Recht des Stärkeren werden dieses furchtbare Zeitalter bestimmen.

Die Raubtiere werden gewalttätiger werden. Die Föten im Mutterbauch werden getötet und die Helden ermordet. Von Hunger und Angst gequälte Menschen werden sich in unterirdischen Schutzkellern verstecken. Schon gekochtes Essen wird in den Handel gebracht. Rituale werden vernachlässigt. Studenten werden ihr Fach nicht mehr verstehen. Einsiedler werden das Essen der Bürger verzehren, und Mönche werden Liebesbeziehungen mit ihren Freunden anknüpfen. Große Katastrophen werden die Erde heimsuchen, und am Ende von Kaliyuga werden der ‹Hüter des Rechts› und ‹der böse Töter› erscheinen. Der letzte wird aus der Dynastie des Mondes geboren werden, und sein Name wird Samiti sein, Krieg. Er wird mit einer großen Armee durch die ganze Welt ziehen, und es wird Millionen von Toten geben, wenn er alles dem Erdboden gleichmacht. Verwirrung, Haß, Wut, Gesetzlosigkeit, Lieblosigkeit und chaotische Zustände bilden den Schlußakt, und dann werden einige anfangen nachzudenken.

Den Purânas zufolge endet Kaliyuga mit der totalen Vernichtung der Erde durch Feuer und Wasser, dem sogenannten ‹Ende der Welt›, wobei nur einige wenige Gruppen von Menschen übrigbleiben, welche die Erzeuger der zukünftigen Menschheit sein werden.[79] Im Zweiten Brief an Timoteus 3,1−5 schreibt *Paulus* Worte, die an die Purânas erinnern:

«Das aber wisse: In den letzten Tagen stehen schwere Zeiten bevor; denn es werden die Menschen selbstsüchtig sein, geldgierig, großtuerisch, überheblich, schmähsüchtig, widerspenstig gegen die Eltern, undankbar, ehrfurchtlos, lieblos, unverträglich, verleumderisch, unbeherrscht, zuchtlos, rücksichtslos, verräterisch, verwegen, aufgeblasen, mehr auf Genuß bedacht als auf Gott. Sie haben die äußere Form der Frömmigkeit; doch haben sie sich losgesagt von deren Kraft. Von Leuten dieser Art halte dich fern!»

Jakob Lorber hat in ähnlichen Worten Prophezeiungen über

dieses Eiserne Zeitalter gemacht. Auch bei ihm lesen wir unverblümt von Naturkatastrophen, Krisen, Kriegen und Krankheiten, die in diesem Zeitalter ausbrechen werden.[80] Und in einem Dialog zwischen Hermes Trismegistos und Asklepius, kündigt *Hermes* nicht nur den Untergang und Verfall von Ägypten an, sondern auch ‹die alte Zeit›, das Eiserne Zeitalter, in dem wir gegenwärtig leben.

«O Ägypten, Ägypten, von deiner Religion wird nur eine nichtssagende Geschichte übrigbleiben, die sogar deine zukünftigen Kinder nicht mehr glauben werden; es werden nur (in Stein) gehauene Worte übrigbleiben, und die Steine allein werden noch von ihrer Frömmigkeit erzählen. Und in jenen Tagen werden die Menschen lebensmüde sein, und sie werden das Universum nicht länger als ein ehrwürdiges, verehrungswürdiges Wunder betrachten. Und so wird die Religion, die größte aller Segnungen – denn ein größeres Geschenk gibt es nicht, hat es niemals gegeben und wird es niemals geben – vom Untergang bedroht werden; Menschen werden die Religion als Last empfinden und verachten. Sie werden die Welt um uns herum, dieses einzigartige Werk Gottes, diese herrliche, von ihm erschaffene Ordnung, nicht länger lieben.[81]

Hermes beschreibt weiter, wie der Mensch in jener Zeit die Dunkelheit vor dem Licht bevorzugen und den Tod angenehmer als das Leben finden wird. Keiner wird seine Augen noch zum Himmel richten. Die Frommen wird man als geisteskrank ansehen und die Gottlosen als Weise. Der Narr wird für einen tapferen Mann gehalten werden und der Verdorbene für einen guten Menschen. Den Glauben an die Unsterblichkeit der Seele wird man als falsch betrachten. Die Götter werden die Menschen verlassen, und es werden nur böse Engel übrigbleiben, die sich mit den Menschen vermischen und sie zu Verbrechen, Kriegen, Plünderungen, Betrügereien und anderen, der Seele widerstrebenden Dingen anstiften.

«Dann wird die Erde ihr Gleichgewicht verlieren, und das Meer wird nicht länger befahrbar sein; der Himmel wird die Sterne in ihrer Bahn nicht länger halten, und diese werden nicht länger in ihrer unveränderlichen Himmelsbahn bleiben; die Stimmen der Götter werden verstummen; die Früchte der Erde werden verrotten; die Erde wird unfruchtbar werden, und sogar die Luft wird absterben und allmählich zum Stillstand kommen.

Danach wird die alte Zeit über die Welt kommen. Es wird keine Religion mehr geben; alles wird disharmonisch und falsch sein; alles Gute wird verschwinden...[82]

Schließlich wird Gott die Erde mit Sintfluten, Feuer, Krieg und Pestilenz vom Bösen reinigen. Danach wird alles in seiner ursprünglichen Form wiederhergestellt. Es wird eine Wiedergeburt der Welt geben, in der alles gut wird.

Wenn sich im Kaliyuga der moralische Verfall und die Boshaftigkeit des Menschen dem Höhepunkt nähern, ist der Zeitpunkt der Erscheinung des Avatars gekommen.

Der Avatar

«Denn immer, wenn die Frömmigkeit (Dharma) hinschwinden will, o Bhârata,
Ruchlosigkeit ihr Haupt erhebt, dann schaffe ich mich selber neu.
Zum Schutze der guten Menschen hier und zu der Bösen Untergang,
Die Frömmigkeit zu fest'gen neu, entsteh' in jedem Alter (Yuga) ich.»

(Bhagavad-Gîtâ)[83]

Ein Avatar ist eine Inkarnation Gottes, eine Manifestation des Alls in einer menschlichen oder anderen Form.

Ein Avatar wirkt in jedem Weltzeitalter. In biblischen Worten heißt das: «*Seht, ich bin bei euch bis zum Ende der Zeiten.*» (*Yugas; siehe Matthäus 28,20*)

Auch in unserer Zeit hat sich ein Avatar manifestiert. Sein Name ist: *Sathya Sai Baba*. Sathya bedeutet *reine Wahrheit,* Sa *göttlich,* ai oder ayi *Mutter* und Baba *Vater.* Diese Namen verweisen nicht nur auf den Avatar, der in einem vollkommen reinen menschlichen Körper die Manifestation der göttlichen Wahrheit und Energie darstellt, sondern auch auf unsere eigene, ursprüngliche Natur, unser eigenes *ursprüngliches Antlitz.*

Sathya Sai Baba gilt als die zweite der drei Inkarnationen des Sai Avatar. Der erste war Sai Baba von Shirdi, der seinen Körper 1918 verließ. Sathya Sai Baba wurde am 23. November 1926 in Puttaparthi, einem kleinen südindischen Dorf, geboren. In der Absicht, Indien wieder zum spirituellen Zentrum der Welt zu machen, hat Sai Baba seine Arbeit in Indien auf vielerlei Ebenen begonnen und wird sich allmählich auch in anderen Ländern manifestieren.

Für diejenigen, die nur an eine einmalige Manifestation Gottes glauben, im Grunde also von seiner ‹Impotenz› nach der Zeugung eines ‹einmaligen Sohnes› überzeugt sind, wird die Erscheinung eines Avatars nur schwer zu akzeptieren sein. Das liegt jedoch nicht am Avatar, sondern an den Vorstellungen, die man von Gott, dem Universum, der Zeit, der Ewigkeit usw. hat. Ein Avatar bringt die letzte, nicht-offenbarte Wirklichkeit hinter den vergänglichen Welten zum Ausdruck (Parabrahman) und manifestiert sich in verstärktem Maße im Kaliyuga (Eisernen Zeitalter), um den Dharma, die göttliche Lehre der Wahrheit, in der Welt auszusäen.

Doch der Dharma beinhaltet in erster Linie Liebe. Aus der Liebe heraus wird der Dharma als Lehre und Gerechtigkeit existent. Im Satyayuga, so lehrt uns Sai Baba, läuft der Dharma noch auf 4 Beinen, im Tretâyuga auf drei, im Dvâparayuga auf zwei und im Kaliyuga nur noch auf einem Bein. Die vier Beine sind: Wahrheit, Erbarmen, Opferbereitschaft und Wohltätigkeit. Wenn jemand den Dharma praktiziert, kann er, was sein Bewußtsein betrifft, auch im Zeitalter des

Kaliyuga im Satyayuga (Goldenen Zeitalter) leben. *Der Untergang des Bösen,* von dem die *Bhagavad-Gîtâ* spricht, bezieht sich auf das ‹Binden› des Bösen, wodurch das Gute wieder erwachen kann.

Ein Avatar erscheint im Kaliyuga immer im entscheidenden Moment, im Moment des *Endes der Zeiten.* In der Geschichte sehen wir, daß wichtige Avatars wie Râma, Krishna, der Buddha und Christus (der Hinduismus betrachtet auch den Buddha und Christus als Avatars) zu einem maßgeblichen Zeitpunkt der Weltgeschichte in Erscheinung traten.

Nach der vedischen Tradition hat jeder Avatar eine besondere Aufgabe, die in den offenbarten Schriften beschrieben ist. Obwohl Indien dank seines geistigen Klimas mehrere Avatars hervorgebracht hat, erscheint ein Avatar auch in anderen Ländern und Religionen. Manchmal manifestiert sich Gott voll und ganz als Avatar, manchmal kommen seine göttliche Liebe und Macht in den ‹Söhnen Gottes› zum Ausdruck oder verhüllt er sich sogar in Tier-Inkarnationen.

Die hinduistischen Schriften kennen unterschiedliche Arten von Avatars, z. B. Pûrnâvatârs, Purushâvatârs, Gunâvatârs, Lîlâvatârs, Shaktyâvatars, Manvantarâvatârs und Yugâvatars. Sie erscheinen zu bestimmten Zeiten im gesamten Universum. Urquelle aller Avatars ist die unendliche, nicht-offenbarte göttliche Energie, die wir als *Parabrahman* kennen. Diese Energie manifestiert sich in Brahmâ (dem Schöpfer) und wird als Ishvara (Herr des Universums) erfahren. Ein Avatar (Skrt.: *avatâra* = ‹Herabkunft›) offenbart also unmittelbar bestimmte Aspekte des Parabrahman.

Sai Baba gilt als ein *Pûrnâvatâr,* ein Avatar, in dem sich alle göttlichen Kräfte manifestieren. Pûrnâvatâr ist Sanskrit für ‹völlige Herabkunft›.

In dieser Eigenschaft ist er ein *Bhagavân.* Dieser Name bedeutet im Sanskrit: ‹er, der alles erhält› *(Bha),* ‹Führer und Schöpfer› *(ga)* und ‹er in dem alle Wesen leben› *(vân).* Die Rishis im alten Indien, die weisen Seher, denen die *Veden* offenbart wurden, betrachteten den Pûrnâvatâr als eine vollkommene Manifestation Gottes, kurz als *den* Avatar. Bezeichnend für den Pûrnâvatâr ist auch, daß er in völliger Vollkommenheit auf der Erde erscheint, um den Menschen durch seine Anwesenheit und das Aussäen des Dharma zur Erkenntnis zu bringen und um auf Wahrheit (Satya), Rechtschaffenheit (Dharma), Frieden (Shânti), göttliche Liebe (Prema) und Gewaltlosigkeit (Ahimsâ) aufmerksam zu machen.

In der *Bhagavad-Gîtâ* können wir über das Existent-Werden des Avatars folgendes lesen:

«Zwar ungeboren, ewig auch und aller Wesen Herr bin ich,
Und doch entsteh' ich oftmals neu durch meines Wesens Wunderkraft.»[84]

Sai Baba wird im 21. Jahrhundert, um das Jahr seiner heutigen Inkarnation herum, zum dritten Mal eine Inkarnation durchmachen und zwar als Prema Sai, der die Menschheit ins neue Zeitalter begleitet. Er hat über seine dritte Inkarnation bereits einige Angaben gemacht, z. B. über den Ort der Geburt (Gunaparthi in Indien) und sein äußere Erscheinung. Er wird seinen Körper zwischen dem 23. November 2021 und dem 23. November 2022 verlassen.

Durch den Avatar kann der Lauf der Ereignisse, entsprechend dem Karma der Menschheit, verändert werden.

Im Mittelpunkt der Lehren Sai Babas steht die Bewußtwerdung unserer göttlichen Wirklichkeit, die jede Form, jeden Namen und jede Religion übersteigt. Doch dazu muß der Mensch erkennen, daß es immer wieder sein *Ego* ist, das dominiert und Isolation und Lieblosigkeit verursacht. Durch seine ständigen Begierden in zahllosen Bereichen erzeugt der Mensch sein eigenes Unheil und entfremdet sich von seinem göttlichen Ursprung:

«Es gibt keine schlimmere Krankheit als die Begierde, keinen
schrecklicheren Feind als die Bindung an etwas, kein verzehren-
deres Feuer als die Wut, aber auch keinen zuverlässigeren Part-
ner als die Weisheit.»[85]

Bereits im 6. Jahrhundert v. Chr. sprach der *Buddha* ähnliche
Worte:

> «Kein Feuer brennt wie Lustbegier,
> Kein Fallstrick hält so fest wie Haß,
> Kein Netz verstrickt wie Unverstand,
> Kein Fluß rast wie der Willensstrom.»[86]

In unmittelbarer Nähe von Sai Babas Geburtsort wurde der
Ashram Prashanti Nilayam (Ort des höchsten Friedens) ge-
gründet. Allmählich werden sich weltweit immer mehr
Menschen der Tatsache bewußt, daß der Avatar seine Inkarnation in *unserer* Zeit durchmachte. Viele sprechen über
seine Wunder und über das *Vibhûti*, die heilige Asche, doch
Sai Baba selbst weist ausdrücklich darauf hin, daß seine
Wunder nur Randerscheinungen sind und daß das Vibhûti
in erster Linie als Symbol eines inneren Prozesses, der totalen Verbrennung unserer Begierden, angesehen werden soll.

Howard Murphet beschreibt in seinem Buch *Sai Baba Avatar*, wie zwei Wissenschaftler der *American Society for Psy-
chological Research Inc,* die diese Wunder betroffen gemacht
hatten, das ‹Phänomen› Sai Baba untersuchen wollten. Wis-
senschaftlich gesehen standen sie jedoch vor unerklärlichen
Phänomenen.[87] *Sai Baba* sagt über diese Wunder:

> «Aber die, die öffentlich erklären, daß sie mich verstanden hät-
> ten – die Gelehrten, die Yogîs, die Pândits (Gelehrte), die Juânîs
> (jene, die spirituelles Wissen erlangt haben) – sie alle nehmen
> nur das Unwichtigste, die gelegentliche äußere Manifestation
> eines verschwindend kleinen Teils dieser Macht wahr – nämlich
> die ‹Wunder›. Sie haben nicht den Wunsch, mit dem Ursprung

aller Macht und aller Weisheit, der hier in Brindavan zur Verfügung steht, in Verbindung zu treten. Sie sind schon zufrieden, wenn sie sich eine Chance sichern können, ihr Bücherwissen anzubringen und zu zeigen, wie bewandert sie in den vedischen Lehren sind, wobei sie nicht bemerken, daß die Person, von der die Veden einst ausgegangen sind, zu ihrem Heil mitten unter ihnen ist.

So war das zu allen Zeiten. Die Menschen mögen dem Avatar (auf physischer Ebene) noch so nahe kommen – sie leben ihr Leben trotzdem weiter, ohne sich ihres Glücks bewußt zu sein. Sie überbewerten die Rolle der Wunder, die verglichen mit meinem Glanz und meiner Herrlichkeit so unbedeutend sind wie die Mücke im Vergleich zur Größe und Stärke des Elefanten, auf dem sie sitzt. Wenn ihr also über diese ‹Wunder› redete, lache ich innerlich aus Mitleid darüber, daß ihr euch gestattet, das kostbare Bewußtsein meiner Wirklichkeit so leicht zu verlieren.

Meine Macht ist unermeßlich, meine Wahrheit unerklärbar und unergründbar. Das verkünde ich über mich, weil es nun notwendig geworden ist. Aber was ich zur Zeit tue, ist nur ein Austeilen von ‹Visitenkarten›.»[88]

Das Vollbringen von Wundern ist an sich noch kein Beweis für Spiritualität oder Erleuchtung. Darauf hat auch Sai Baba mehrmals hingewiesen. Der Buddha zum Beispiel hat das Vollbringen von Wundern niemals gefördert, im Leben Jesu Christi dagegen ist von vielen öffentlichen Wundern die Rede. Wunder können vollbracht werden durch die Anwendung höherer Gesetze, die für die meisten Menschen wundersam erscheinen. Doch, nicht die *äußeren* Wunder sind wichtig, sondern das Wunder, das sich im *Innern* des Menschen vollzieht: das Wunder einer radikalen Veränderung.

Ein Avatar erscheint nicht in der Welt, um verehrt zu werden, sondern um unseren Blick auf die *innere* Frömmigkeit zu richten. Wir dürfen uns nicht abhängig machen von einem Avatar, sondern müssen uns der Tatsache bewußt werden, daß auch in uns der Samen des Alls ruht, daß *auch wir eine Herabkunft Gottes sind,* eine Manifestation des Unsichtbaren. In dieser chaotischen Zeit, in dem sich unser Geist nur schwer konzentrieren kann, weist Sai Baba darauf hin, als Hilfsmittel immer wieder den uns aus unserer Religion vertrauten Namen Gottes voll Liebe anzurufen. Maharaj Charan Singh Ji sagt darüber:

> «Im Kaliyuga helfen weder gute Werke
> Noch religiöse Übungen.
> Das ist kein Weg – nur der Pfad von NAM.
> Ohne NAM bleibt Erlösung ein Traum.»[89]

Die von Charan Singh Ji angesprochenen guten Werke beziehen sich auf die Taten, die nicht auf das Göttliche ausgerichtet sind. NAM ist der Strom der Laute, das göttliche Wort, der Logos.

Sai Baba wird von vielen als ein Messias, ein Erlöser verehrt, Sie vergessen dabei, daß sie bis zum Äußersten gehen müssen, um *selbst* zur Erlösung zu gelangen. Der regelmäßige Besuch eines Avatars, der keine wesentliche Veränderung ergibt, hat keinerlei Bedeutung im Vergleich zu der inneren Wende, die sich Tausende von Meilen entfernt in einem Menschen vollzieht, der innerlich vom Dharma berührt wurde. Die *Bhagavad-Gîtâ* sagt darüber:

> «Unter Tausenden von Menschen strebt nach Vollendung einer kaum,
> Von den erfolgreich Strebenden kennt wahrhaft mich kaum einer noch.»[90]

Auch Sai Baba hat wiederholt darauf hingewiesen. Und der Buddha bemerkte bereits zu seiner Zeit, daß die, welche dem Buddha Schritt für Schritt folgen und den Saum seines Mantels festhalten, den Dhamma aber nicht praktizieren, weit von ihm entfernt sind. Doch der, der tausend Meilen vom Buddha entfernt lebt und die Lehre verwirklicht, befindet sich in seiner Nähe. Das Wesen eines Avatars ist unergründlich und unnennbar. Für den getrübten Blick und das verschleierte Herz offenbart sich nur eine menschliche Gestalt. Manche nehmen an seinem Haarschopf Anstoß, werden von den Weltkatastrophen aber nicht berührt. Diese Gestalt, dieser Körper, ist nur ein Vermittler der gesamten göttlichen Wirklichkeit. Wenn Krishna dem Bogenschützen Arjuna seine allerhöchste Gestalt als die des Herrn offenbart, heißt es in der *Bhagavad-Gîtâ*:

«Versehn mit manchem Götterschmuck und Götterwaffen
schwingend viel.
Götterkränz' und -kleider tragend, an Himmelsduft und -salben
reich,
Ganz Wunder, strahlend, grenzenlos, das Antlitz allerwärts gewandt *(d. h. allgegenwärtig)*. (...)
Wenn das Licht von tausend Sonnen am Himmel plötzlich
bräch' hervor,
Zu gleicher Zeit, – das wäre gleich dem Glanze dieses Herrlichen. (...)
Mit vielen Armen, Bäuchen, Mündern, Augen
Seh ich dich, – allerwärts endlos gestaltet;
Nicht Ende, Mitte, noch auch Anfang seh' ich
An dir, du Herr des Alls, du allgestalt'ger! (...)
Ohn' Anfang, Mitte, End', unendlich kraftvoll,
Mit Armen ohne End', mond-sonnen-äugig,
Mit einem Mund wie strahlend Opferfeuer
Seh' ich mit eigner Glut dies All dich wärmen.»[91]

In seiner Allwissenheit umfaßt der Avatar alle Geschöpfe. Seine göttliche Energie ist das Wesen alles Seienden und bleibt für den Verstand unergründlich.

«Ich kenne die vergangenen, die gegenwärt'gen Wesen all,
Und die noch ruhn im Zukunftsschoß! Doch niemand gibt es,
der mich kennt»,

sagt Krishna.[92] Sai Baba bringt dies zum Ausdruck, indem er
äußert, daß er von allem und jedem die Vergangenheit und
die Zukunft kennt, aber daß sein Wesen für den ergründen-
den Verstand unzugänglich ist. Sai Baba hat diese Allwissenheit schon oft bewiesen und viele geheilt die nach dem
Gesetz des Karma geheilt werden konnten. *Sai Baba* sagt, daß
ein reines Herz der beste Spiegel für die Wiedergabe der
Wahrheit ist:

> «Alle spirituellen Übungen dienen einzig und allein der Reini-
> gung des Herzens. Sobald das Herz rein ist, leuchten darin alle
> Wahrheiten auf. Die gesamte Wahrheit des Universums wird
> sich in deinem Herzen offenbaren, wenn du ein bestimmtes Maß
> an Reinheit erreicht hast.»[93]

So wie die großen Sufis Rumi und Al Ghazali in ihrer Zeit
über die Sprache des Herzens redeten und sagten, das Herz
jeder Religion sei die Religion des Herzens, so verkündet *Sai
Baba:*

> «Es gibt nur eine Religion –
> die Religion der Liebe;
> Es gibt nur eine Kaste –
> die Kaste der Menschheit;
> Es gibt nur eine Sprache –
> die Sprache des Herzens;
> Es gibt nur einen Gott –
> und Er ist allgegenwärtig.»[94]

Was der Mensch braucht, ist eine *geistige Wiedergeburt.* Und
in einer Zeit, in der die Erde kurz vor einer Wiedergeburt
steht, werden wir umso stärker dazu aufgefordert, diese *Wiedergeburt* zu erlangen.

Die Wiedergeburt der Erde

Ungefähr gegen Ende dieses Jahrhunderts werden große und einschneidende geologische Veränderungen die Situation der Erde derart verändert haben, daß von einer kompletten Wiedergeburt gesprochen werden kann. Diese Wiedergeburt paßt ganz und gar in den zyklischen Verlauf des Universums. Doch je nachdem wie konsequent der Mensch seinen heutigen Weg fortsetzt, wird dieser Umbruch in vielen Bereichen auch schmerzlich und dramatisch sein. Nur wenn der Mensch in der Lage ist, sich den Bewegungen des Dharmas anzupassen, wird er durch die Erkenntnis den kommenden Veränderungen entgegensehen können.

Die Häufigkeit von Erdbeben, Überschwemmungen, Fluten, Trockenperioden, Waldbränden, Mißernten, Hungersnöten, Orkanen, Seuchen (Pest, Aids und andere neue Viruskrankheiten), Kriegsdrohungen und -gewalt wird zunehmen, es sei denn, daß der Mensch seinen Lebensstil in kürzester Zeit radikal verändert. Schon die Hopi-Indianer haben darauf hingewiesen, daß der vom Mensch eingeschlagene Weg ein Weg ist, auf dem man ‹den Kopf verloren hat›. Deshalb stellten sie in ihren Felsbildern einen Menschen dar, der den Weg des Großen Geistes geht, und einen anderen, dessen Weg in den Abgrund führt. Die immer heftigeren Reaktionen von Mutter Erde werden uns in den nächsten Jahren dazu zwingen, auf das zu hören, was wir der Erde angetan haben.

Zur Zeit sind allerlei Kräfte am Werk, das Gleichgewicht der Erde wiederherzustellen. Am besten würde sich dazu eine komplette Wiedergeburt, ein totaler geologischer Umbruch eignen. In dieser so außergewöhnlichen Übergangszeit gibt es auch viele außerirdische Wesen, die die Entwicklungen mit größter Sorge verfolgen und zu beeinflussen versuchen. Obwohl die Astronomie sich in bezug auf die Lebensmöglichkeiten im All immer mehr an den Standpunkt der Esoterik annähert (dahingehend, daß das All beseelt und voller Lebensformen ist, was auch vom Buddha, von Christus und anderen Erleuchteten ausdrücklich betont wurde), ist sie im allgemeinen noch nicht so weit, daß sie neben dem Menschen die Existenz anderer, höher oder niedriger entwickelter Intelligenzen außerhalb des Planeten Erde akzeptiert. Allein die Tatsache, daß man die Erde als ein lebendiges Wesen betrachtet, ist für viele Wissenschaftler eine merkwürdige Hypothese.

Sogar der Biochemiker Dr. James Lovelock – der als einer der ersten die Gaia-Hypothese aufstellte und dabei darauf hinwies, daß der Planet Erde sich wie ein lebendiger Organismus verhält, den er nach der griechischen Mythologie Gaia nannte – wurde aus den eigenen Reihen derart angegriffen, daß er diese Hypothese zur Zeit nur noch selten in der Öffentlichkeit vertritt – im Gegensatz zum Physiker und Psychologen Dr. Peter Russell, der sie in mehreren Veröffentlichungen weiter ausarbeitete. Dabei sollte man nicht vergessen, daß Dr. Lovelock in den sechziger Jahren Berater des *California Institute of Technology* war, das u. a. danach forschte, ob es auf dem Mars und anderen Planeten Leben gebe.

In jeder großen Übergangszeit wurde rechtzeitig davor gewarnt, daß der Erde eine große Veränderung bevorstände. Diese Warnungen wurden mehrmals wiederholt. Wir brauchen nur die alten Berichte über Noah und die Sintflut oder das *Gilgamesch-Epos* zu lesen, um zu wissen, daß es dabei nicht um reine Phantasiegeschichten geht. In unserer Zeit werden wir zudem von zahlreichen wissenschaftlichen Berichten auf bevorstehende, einschneidende Veränderungen aufmerksam gemacht. Natürlich: die Welt der Erscheinungen ist nicht die Wirklichkeit, wie Shankara bereits lehrte. Aber das heißt nicht, daß wir uns nicht vorbereiten müßten auf eine Wiedergeburt der Erde.[94a]

6. Die Suche nach der tieferen Wirklickeit

Erkenntnis: eine kostbare Perle

Die Suche nach der tieferen Wirklichkeit des Lebens hat sowohl im Osten als auch im Westen eine lange Tradition. Dieses Thema steht im Mittelpunkt unzähliger Gleichnisse, Epen, Märchen und Legenden. *Chuang-tzu* zum Beispiel, ein Schüler von Lao Tse, liefert uns die hintergründige Geschichte vom Gelben Kaiser Hwang-ti, der eines Tages, als er von einem sehr hohen Berg aus den Kreislauf von Geburt und Tod erblickte, seine *Zauberperle* verlor. Um sie zu suchen, sendet er nacheinander *Erkenntnis, Scharfblick* und *Denken* aus, doch keine dieser Fähigkeiten ist in der Lage, die Zauberperle zurückzubringen. Erst als er *Selbstvergessen* auf die Suche schickt, wird die Perle gefunden.[95]

Die Suche nach dem Selbst, dem Tao, endet, sobald wir uns nicht mehr in der Welt der Vielfalt verstricken, an die unsere Sinne und auch das Denken gebunden sind. Nur wenn wir innerlich zur Ruhe kommen und unser ich-gerichtetes Suchen aufgeben, ist *Es* da: das Tao. Das chinesische Wuwei, das Nicht-Tun, gilt nur für den Menschen, der eine lange Suche hinter sich hat und zum Äußersten, zum Berg, gegangen ist, um sich selbst kennenzulernen. Auf dem Berggipfel, am Ende seiner Suche, angelangt, sieht er, daß er den Kreislauf des Lebens erblicken kann, aber das allerwertvollste verloren hat: das Selbst, Das, Brahman, Tao, den Vater – das, was weder vom Wissen noch vom Verstand, weder vom Scharblick noch von irgendeinem anderen Sinnesorgan erfaßt oder ausgedrückt werden kann. «Wer wunschlos ist, kann das Wunder des Weges *(Tao)* erkennen; wer Wünsche hat, wird nur Scheinbares entdecken», heißt es im ersten Kapitel des Tao-Te-King.[96]

In dem wundervollen *Lied der Perle,* das wir in den *Thomasakten* nachlesen können und das der Apostel Thomas (225) in Indien den Gefangenen vorsang, kommt dieses Thema ebenfalls zur Sprache.[97] In diesem Lied ist die *Perle* das Symbol des *Himmelreichs,* das Christus als *kostbare Perle* bezeichnet, eine Metapher, die auch regelmäßig in der Alchemie auftaucht.

> «Ferner ist das Himmelreich gleich einem Kaufmann, der gute Perlen sucht. Als er eine kostbare Perle fand, ging er hin, verkaufte alles, was er hatte, und kaufte sie.»   *(Matthäus 13,45 – 46)*

Die Perle ist das Wissen um uns selbst, die *Gnosis.* Kein Wissen des Verstands, sondern des Herzens. Nach dem christlichen Gnostiker *Theodotus* (2. Jh.) ist ein Gnostiker einer, der verstanden hat,

> «wer wir sind, und was wir geworden sind; wo wir sind.. wohin wir gehen; wovon wir erlöst werden müssen; was Geburt bedeutet, und was Wiedergeburt.»[98]

Diese Erkenntnis, Gnosis, ist *die kostbare Perle,* von der Jesus sagt... *werft eure Perlen nicht vor die Schweine* (Matthäus 7,6). Das Schwein ist von alters her das Symbol des stofflichen oder *hylischen Menschen.*[99]

Mittelpunkt unserer Suche ist immer, das *Eine* im *Vielen* zu erkennen. Wie oft verstricken wir uns nicht in der Vielfalt der Dinge, die Lao Tse die *Mutter der zehntausend Dinge* nennt. All unser Suchen spielt sich in dieser Vielfalt ab. Die Vielfalt gehört *auch* zur Wirklichkeit, aber es ist eine Wirklichkeit, die mit dem im Universum allgegenwärtigen Gesetz von Geburt und Tod verbunden ist. Einheit und Vielfalt entspringen derselben Quelle. Das wirklich Bleibende ist das *Eine, Das, Brahman, Tao, Vater.* Obwohl... es sind nur Namen.

Sobald wir uns im Vielen und in den damit verbundenen Kreisläufen des Daseins verstricken, werden wir den Wunsch haben, uns aus einem imaginären Zentrum (unserem Ich) heraus immer mit dem Vielen zu verbinden. Wünsche und Begierden werden sich immer wieder einstellen, und durch unsere *Unwissenheit* bleiben wir an das von den *Alten* so genannte ‹Rad von Krankheit, Leid und Tod› gebunden. Die Ewigkeit der Zeit existiert nur innerhalb des Weges ständiger Evolution und Entstehung. Die *Perlen,* die wir im Vielen finden, bleiben vergänglich. Diese Schätze öffnen nur das Tor zu neuen Begierden, auch für Einbrecher und Diebe. Deshalb fordert Jesus uns auf:

> «Verkauft, was ihr habt, und gebt Almosen! Macht euch Beutel, die nicht veralten, einen Schatz im Himmel, der nicht abnimmt, wo kein Dieb herankommt und den keine Motte zerstört. Denn wo euer Schatz ist, da wird auch euer Herz sein.» *(Lukas 12,33–34)*

Um *die kostbare Perle* finden zu können, dürfen wir nicht länger nach den vergänglichen Perlen in der Vielfalt suchen. Wenn wir verkaufen, was uns lieb und teuer ist, in jeder Hinsicht freigebig sind und uns Beutel für *geistiges Brot* machen, sammeln wir das *Eine,* den unvergänglichen Schatz, an dem unser Herz hängen wird. Wir finden, was wir suchen. Schatzsucher finden äußerliche Schätze. Sucher nach dem *Das* verlieren sich selbst und gehen im *Das* auf, weil wir *Das* sind.

Wer einmal die wirbelnde, spiralförmige Bewegung des Universums in all ihren Formen durchschaut hat, weiß, daß er selbst der *tanzende Shiva* ist, aus dem alles entsteht und in dem alles verschwindet. Jede Suche endet früher oder später in dieser Erkenntnis. Ob wir das *Himmelreich* (den *Weinberg*) morgens, mittags oder abends betreten, ist ohne Bedeutung. Das ‹Ergebnis› ist immer das Eine, das in der Parabel der *Arbeiter im Weinberg* der eine Denar (Matthäus 20,1–16) und in anderen Gleichnissen das *eine dicke Schaf* oder der *eine dicke Fisch* genannt wird. Wenn *Krishnamurti* sagt, *die Wahrheit* sei *ein Land ohne Weg,* dürfen wir nicht vergessen, daß auch er lange gesucht hat, ehe er dies behaupten konnte.

Das Paradoxon ist: aus dem Ich-Bewußtsein heraus, das sich selbst in einem raum-zeitlichen Universum sieht, erfolgt die Suche in der Vielfalt. Aus unserem Wesen, aus dem Selbstlosen heraus, ist alles so, wie es ist: *Das.* Wir stehen hier vor dem Mysterium von *Mâyâ,* dem Schleier, der uns verbirgt. Obwohl dieser Schleier auch ein Teil von uns ist, wird unser *ursprüngliches Antlitz* erst sichtbar, wenn wir nach einer langen Suche in der Verschleierung uns selbst gefunden haben. Dieses Thema wurde in der Parabel vom *Verlorenen Sohn* (Lukas 15,11–32), das Ähnlichkeiten mit dem *Lied der Perle* aufweist, auf treffende Weise ausgearbeitet. In dieser Geschichte handelt es sich im Grunde nicht um die beiden Söhne, sondern um die Entstehung der Dualität, wenn wir den *Vater,* den Ungrund, verlassen. Es ist der *jüngste* Sohn (das Ich-Bewußtsein), der durch die Welt irrt, bis er sich an seine *ursprüngliche Natur* erinnert, die durch den *ältesten,* den beim Vater gebliebenen Sohn symbolisiert wird. *Zu Hause* angekommen, befinden wir uns wieder im Einen, das jeder Dualität vorausgeht. Grund genug für ein großes Fest.

Das Ende der Suche: «Das bist du»

Die Suche von *Da Love-Ananda* (Da Free John) dauerte sehr lange. Er suchte das Unsagbare in Philosophie und Theologie, untersuchte alles und lebte ein experimentelles Leben. Weder der Atheismus noch der Glaube konnten ihn befriedigen.

«Beide schienen mir nur Ideen zu sein, mögliche Reaktionen auf eine grundlegendere, wenn auch unbewußte Gegebenheit. Ich suchte die Wirklichkeit, um die Wirklichkeit zu sein, das, was ist, nicht das, was angesichts dessen, was ist, behauptet wird.

Ich machte auf diese Weise mehr als zwei Jahre weiter, bis die gesamte Heftigkeit meiner Suche mitten in meinem dritten Studienjahr eines Nachts zu später Stunde ein besonderes Erlebnis herbeiführte.

Ich hatte ein kleines Zimmer gemietet, das einige Straßenecken vom Universitätsgelände entfernt lag. Wenn ich keine Vorlesungen hörte, verbrachte ich hier die meiste Zeit mit Lesen, Nachdenken und Schreiben. In dieser außergewöhnlichen Nacht saß ich an meinem Schreibtisch, bis es sehr spät geworden war. Ich hatte meine Suche vollkommen ausgeschöpft, und es hatte den Anschein, als gäbe es weder weitere Bücher zu lesen noch irgendeine denkbare Art von Erfahrung, die grundlegend über das hätte hinausgehen können, was ich mir bereits zu eigen gemacht hatte. Keine Möglichkeiten für irgendeinen neuen Streifzug, keine überzeugenden und schlüssigen Alternativen schienen mehr übriggeblieben zu sein. Ich wurde in die innere Spannung meines Geistes hineingezogen, die all dieses Suchen, jede momentane Regung und jede Alternative, jede Motivation in form meines Verlangens in sich barg. Ich betrachtete sie als eine ungeteilte dramatische Kraft, und sie schien mich in eine mächtige Gestalt von Energie hineinzubewegen, so daß mir jedes Lebenszentrum meines Körpers und Geistes wie ein langer Trichter aus zusammengezogenen Ebenen vorkam, die zu einem unendlich entfernten und unsichtbaren Bild hinführten. Ich beobachtete diese tiefe Empfindung des Konflikts und der endlos vervielfachten Widersprüche in solcher Weise, daß ich mich anscheinend ihrer innersten Form überließ, so als wolle ich diese vollkommen erfahren und sein.

Urplötzlich erlebte ich sodann in einem Augenblick einen totalen Umschwung der Energie und des Gewahrseins in mir. Am äußersten Ende all dieses Bewußtseins öffnete und erhob sich ein Gefühl vollkommenen Verstehens. Die gesamte Energie des Denkens, die sich in jene Tiefe hinabbewegte, schien ihre Richtung an irgendeinem unergründlichen Punkt umzukehren. Der aufsteigende Impuls riß mich hoch, und ich fühlte, wie tief aus meinem Innern eine Woge der Kraft aufstieg und sich ausdehnte, die Welle auf Welle meinen ganzen Körper und jede Ebene meines Bewußtseins mit der schönsten und freudigsten Energie erfüllte. Ich fühlte mich vollkommen wahnsinnig, doch in diesem Wahnsinn war keine Spur von Verzweiflung, keine Suche und kein Dilemma, keine Frage, kein unerfülltes Verlangen, keine einzige Sache oder Gegenwart außerhalb meiner selbst.»[100]

Als Da Love-Ananda endlich die permanente Erleuchtung erlangt hat, lautet seine Schlußfolgerung:

«Es gibt nur die unaufhörliche Erkenntnis und Freude des Herzens, die sich von Augenblick zu Augenblick durch das Auftreten aller bedingten Zustände des Erscheinens und Vergehens vollzieht. Dessen bin ich mir völlig gewiß. Ich bin Das.»[101]

Solange wir gebunden durch die Ketten von *Begierde* und *Unwissenheit* in der Vielfalt der Dinge suchen, kann die Suche nicht beendet werden. Eigentliches Ziel aller wirklich spirituellen Wege, oder wie immer man sie auch nennen mag, ist: die Beendigung der Suche. Denn jede Suche wird durch das unaufhörlich begehrende Ich genährt.

Das Ich ist in bezug auf *Das* unwissend und nicht in der Lage, sich dem Das zu nähern, weil es die Wolke[101a] vor Das ist. In seinem Buch *Wegen naar de ongrond* (Wege zum Ungrund) schreibt der Mystiker *Erik van Ruysbeek:*

«Die Intuition, aus der alles hervorgeht, die alles enthält und auf die alles zurückführt, wird durch den berühmten indischen Spruch ‹Das bist du› (Tat Tvam Asi) zum Ausdruck gebracht. Dies zu entdecken, zu erleben und zu verwirklichen: mehr gibt es nicht. Es ist das Alpha und Omega der Geschichte des menschlichen Bewußtseins. Es gilt für die Dauer des homo sapiens auf Erden. Vielleicht sogar für jegliche Art von Bewußtsein im Universum (denn nur so kann der Mensch es erfassen), in welcher Form es sich auch immer ausdrückt. ‹Das› ist das Wesen der Dinge, was immer es auch sein mag. Aus diesem Wesen der Dinge ist alles Wahrnehmbare, alles Verborgene, all das, was ist, entstanden oder stimmt damit überein. Das gilt auch für jede Art von Leben, auch für unser Leben. Zu Beginn unseres Lebens sind wir uns dessen nicht bewußt. Umstände oder Nebensächlichkeiten allgemeiner und persönlicher Art bzw. der gesamte Kontext lenken uns von dieser Evidenz ab. So sehen wir die Welt und uns selbst falsch, nicht in ihrer wahren Gestalt. Die breite Masse ist bis jetzt nicht über dieses Stadium hinausgekommen. Das ist ein Grund für die fehlende Selbsterkenntnis, für falsche Reaktionen, für zahllose Probleme, Dualitäten und unlösbare Konflikte. Dies alles kann nur durch die Erkenntnis der eigenen Wahrheit, der eigenen Art, der eigenen, universellen Unzulänglichkeit behoben und korrigiert werden.»[102]

Das bist du ist das zentrale Thema der berühmten *Chândogya-Upanishad,* in der der Lehrer seine Schüler auf mehrfache Weise in dieser universellen Wahrheit unterrichtet.

« ‹Bringe mir von da eine Nyagrodhafrucht.›*
‹Hier ist sie, Ehrwürdiger.›
‹Spalte sie.›
‹Sie ist gespalten, Ehrwürdiger.›
‹Was siehst du da?›
‹Ganz feine Körner, Ehrwürdiger.›
‹Spalte eines von diesen.›
‹Es ist gespalten, Ehrwürdiger.›
‹Was siehst du da?›
‹Nichts, Ehrwürdiger.›
Der sprach zu ihm: ‹Der feinste Stoff, den du nicht wahrnimmst, aus dem besteht also der große Nyagrodhabaum. Glaube, mein Lieber, dieser feinste Stoff durchzieht dies All, das ist das Wahre, das ist das Selbst, das bist du, Shvetaketu.› »[103]

---

* Der große Feigenbaum, dessen Luftwurzeln neue Stämme bilden.

Im *Kleinod der Unterscheidung* von *Shankara* können wir lesen:

> «Brahman kennt weder Unterscheidung noch Tod. Es ist ruhig wie die Weite des wellenlosen Meeres. Es ist ewig frei und ungeteilt. Das ist Brahman und ‹Das bist Du›. Meditiere über diese Wahrheit.»[104]

Meditation, das ist das Mittel, durch das man diese unergründliche Wirklichkeit erfahren kann. Nicht das vorübergehende Meditieren zwischen bestimmten Tätigkeiten, sondern das *ständige Achtgeben*, das *ständige Hören* auf das, was das Leben uns zu sagen hat.

Wer wirklich auf das Leben hört und achtgibt, wird merken, daß alle Wege in einem selbst enden. Er ist ein ‹Heimatloser› und dennoch überall zu Hause. Er ist ein *Vorübergehender* und weiß trotzdem: *Das* geht nie vorüber. Keine Religion, Institution oder Kirche kann ihn noch reizen. Kein falscher Messias oder falscher Prophet kann ihn noch an das Rad von Samsâra binden. Ein solcher Mensch hat die wahre Gnosis erlangt.

7. Zur Meditation

«Nach langer, rastloser Suche in Tempeln und Kirchen, in Kathedralen und Himmeln, kehrst du schließlich zum Ausgangspunkt, zu deiner Seele zurück und schließt damit den Kreis. Du entdeckst, daß Er, nach Dem du auf der ganzen Welt gesucht hast, für Den du in Kirchen und Tempeln geweint und gebetet hast, daß Er, den du als das in den Wolken geborene Mysterium aller Mysterien, als das Wertvollste des Wertvollen gesucht hast, dein eigenes inneres Selbst ist, dein konkretes Leben, dein Körper, deine Seele.

Das ist dein eigenes Wesen. Laß es zur Geltung kommen, offenbare es. Es ist die reine Wahrheit, es ist dein wahrer Freund, dein Blutsverwandter. Halte dich an die Wahrheit, gehe den Weg der Gerechtigkeit, und dir wird niemals ein Haar gekrümmt werden. Meditation ist nichts anderes als die Besiegung aller Wünsche. Selbstverleugnung ist die Macht, mit der man die bösen Kräfte bekämpfen und den Geist bezwingen kann.»

Shri Sathya Sai Baba.[105]

«Ich suchte, aber ich konnte dich nicht finden;
ich rief deinen Namen vom Minarett aus;
ich läutete beim Auf- und Untergang der Sonne die Tempelglocke;
ich badete vergebens im Ganges;
ich kehrte enttäuscht von der Kaaba zurück;
ich hielt auf der Erde Ausschau nach dir;
ich suchte im Himmel nach dir, mein Geliebter,
doch schließlich fand ich dich
verborgen wie eine Perle in der Muschel meines Herzens.»

Inayat Khan[106]

Jesus sprach:

> «Wer sucht, höre nicht auf zu suchen, bis er findet. Wenn er findet, wird er erschüttert werden. Ist er erschüttert, wird er staunen. Und dann wird er über das All herrschen.»
>
> *Thomas-Evangelium, Logion 2*[107]

Mit diesem *Herrschen* ist nicht ein Herrschen aus einem *Ich* heraus gemeint, sondern die *ewigwährende Wahrheit* selbst, die alles beherrscht und über alles und jeden herrscht. Erst wenn wir uns selbst beherrschen, gibt es ein Herrschen, ohne zu herrschen. Die *ewigwährende Wahrheit* ist der Grund unseres Seins. Wenn wir uns damit vereinigt haben, gibt es nur noch das All, die göttliche Realität, das unzerstörbare, unendliche, jede Dualität übersteigende Leben. Dann ist die Suche nach Gott beendet, und wir wissen, daß der *Sucher* selbst das *Gesuchte* ist. Schließlich wird erkannt, daß die Suche ein *trennendes* Geschehen ist, das den Menschen daran hindert, sich mit dem Unbekannten, dem Unermeßlichen, dem Zeitlosen zu vereinen.

> «Ohne Gott und Schöpfung und derartiges zu suchen, suche ihn bei dir selbst und trachte zu erkennen, wer denn in dir sich alles vollständig zueignet und spricht: ‹Mein Gott, mein Geist, mein Verstand, meine Seele, mein Leib›, und trachte zu erkennen, woher es komme, daß man ohne zu wollen betrübt sei, sich freue, liebe, hasse, ... wenn du dies genau untersucht hast, wirst du ihn *in dir* finden.»
>
> *Monoimus* (gnostischer Lehrer aus dem 3. Jahrhundert)[108]

Jiddu Krishnamurti hat die Suche nach der unvergänglichen Wahrheit in seiner Jugend wie folgt beschrieben:

> «Einmal
> Suchte ich Dich –
> Die unsterbliche Wahrheit,

Das ewige Glück,
Den Gipfel aller Weisheit –
Auf der Spitze der Berge,
Am gestirnten Himmel,
Im Schatten des sanften Mondes,
In den Tempeln der Menschen,
In den Büchern der Gelehrten,
Im zarten Frühlingsgrün,
Im tanzenden Wasser,
Auf dem Menschenantlitz,
Im murmelnden Bach,
In Leiden und Schmerzen,
In Freuden und höchstem Entzücken
Ich fand Dich nicht.

Wie der Bergsteiger, der große Höhen erklimmt,
Bei jedem Schritt eine Last ablegt,
So bin ich gestiegen
Und warf alle flüchtigen Dinge beiseite.

Wie im gelben Gewand der Sannyasi
Mit der Bettelschale des Glücks,
So habe ich verzichtet.

Wie der Gärtner, der schädliches
Unkraut im Garten rodet,
So habe ich das Ich zerstört.

Ich bin so frei
Wie die Winde, so fessellos.
Frisch und kühn wie der Wind,
der verborgene Stellen im Tale erspäht,
So habe ich gesucht
Nach geheimen Kammern in meiner Seele
Und mich selbst von allem gereinigt,
Vergangenem und Heutigem.
Wie plötzlich die Schwingen des Schweigens
Die lärmende Welt überziehn,

So fand ich auf einmal Dich
Im tiefsten Herz aller Dinge und in meinem eigenen Herzen.

Am Bergespfad
Auf dem Felsen saß ich,
Und Du warst bei mir und in mir,
In Dir und in mir war alles.
Glücklich der Mensch, der Dich und mich
In allen Dingen findet.
Im Lichte der sinkenden Sonne,
Im Frühlingsgrün, das wie Spitzen so zart,
Erblickte ich Dich.
In den funkelnden Sternen
Erblickte ich Dich.
Im schnell dahinziehenden Vogel,
Der hinter schwarzen Bergen verschwindet,
Erblickte ich Dich.»[109]

Vimala Thakar faßte ihre Suche in folgende Worte:

«Ich habe nach Freiheit gesucht
in Tempeln und Kirchen.
Gott war da ein Gefangener
in einem von Menschen gemachten Käfig.

Ich habe nach Freiheit gesucht
in Theologie und Philosophie.
Da war das Denken eingefroren
in von Menschen geschaffenen Worten.

Ich habe nach Freiheit gesucht
in jeder erdenklichen Revolution.
Da wurde die Masse verehrt
und der Mensch ermordet.

Meine Suche führte zu nichts –
und dennoch hatte ich Erfolg.

Mein Umherirren lehrte mich,
daß jede Bemühung umsonst war.

Die Fehlschläge lehrten mich,
daß alles Suchen sinnlos war.
Endlich zog ich mich in mich zurück,
um auszuruhen, zu entspannen.

Und siehe, da war es,
das lodernde Feuer der Freiheit –
immer heller aufflammend –
Fackel der Liebe.»[110]

8. Falsche Messiasse und falsche Propheten

«Es wird nämlich dann *eine große Drangsal sein, wie dergleichen nicht gewesen ist seit Anfang der Welt bis jetzt* und nicht mehr sein wird. Und würden jene Tage nicht abgekürzt, würde kein Mensch gerettet werden; doch um der Auserwählten willen werden jene Tage abgekürzt werden. Wenn dann jemand zu euch sagt: Seht, hier ist der Messias, oder: dort, so glaubt es nicht; denn es werden falsche Messiasse auferstehen und falsche Propheten, und sie werden große Zeichen und Wunder tun, um, wenn möglich, auch die Auserwählten zu verführen. Seht, ich habe es euch vorhergesagt! Wenn sie euch also sagen: Seht, er ist in der Wüste, so geht nicht hinaus; seht, er ist in den Kammern, so glaubt es nicht! Denn wie der Blitz vom Osten ausgeht und bis zum Westen leuchtet, so wird es sein mit der Ankunft des Menschensohns. Wo das Aas ist, da versammeln sich die Geier.»

(Matthäus 24,21–28)

In einer *Endzeit,* einer Übergangszeit, besonders im Kaliyuga, treten falsche Messiasse und falsche Propheten auf. Die Tatsache, daß der Dharma (die Lehre unseres wahren Wesens) in einer solchen Zeit nur noch wenigen bekannt ist und sozusagen ‹auf einem Bein läuft›, ist ein idealer Nährboden für Irrlehren und irreführende Lehrer. Diejenigen, welche die Irrlehren verbreiten, haben nur ein einziges Ziel vor Augen: Macht. Macht ist eine der stärksten Begierden im Menschen und findet ihren Ursprung in der Unfähigkeit, sich selbst loszulassen. Macht zielt auf die Aufrechterhaltung des Lebens. Aber das Leben selbst ist Bewegung, fließt, strömt. Natürlich: auch falsche Messiasse und falsche Propheten kommen aus dem Das. Schließlich gibt es nur Das.

Doch wer den Weg der *Beendigung* der Suche beschreiten will, muß sich die Bemerkung Jesu über die falschen Messiasse: *Seht, ich habe es euch vorhergesagt!*, zu Herzen nehmen. Wer dem Dharma folgt, weiß, daß falsche Messiasse und falsche Propheten die Suche *aufrechterhalten*, anstatt sie zu beenden, denn falsche Messiasse und falsche Propheten können ihre Macht nur durch die Abhängigkeit ihrer Anhänger, ihrer Jünger, ihrer Schüler ausüben.

In einer Übergangszeit wie der unseren wird alles Alte niedergerissen. *Neuer Wein*, der Geist des Neuen, kann sich nicht in *alten Krügen*, in alten Systemen, offenbaren. Der Geist weht, wie er will. Nicht nur die stofflichen Sphären des Lebens werden aufgerissen, sondern auch die feinstofflichen, in denen der Drang nach Selbsterhaltung genauso stark vorhanden ist. In den feinstofflichen Bereichen befinden sich allerlei Entitäten (Wesen), die die Aufrechterhaltung des Alten bezwecken, dies den Menschen in den stofflichen Bereichen aber als ‹neu› präsentieren. Diese Entitäten verfügen über ein großes esoterisches Wissen und über magische Fähigkeiten und bedienen sich der Sprache alter Eingeweihter.

In den meisten Fällen haben sie auf Erden bereits große Macht ausgeübt, ehe sie den stofflichen Körper verließen, und wünschen diese Macht in den feinstofflichen Bereichen fortzusetzen. In der Esoterik ist bekannt, daß sie ihren feinstofflichen Körper nur erhalten können mit der ‹Nahrung› derer, die noch in einem stofflichen Körper auf der Erde leben. Diese ‹Nahrung› besteht aus Ätherkräften oder Ätherenergien, die vor allem in emotionsgeladenen Situationen freigesetzt werden, z. B. bei Aggressionen, Ängsten, Trieben, Massenveranstaltungen, Massendemonstrationen, Kriegen usw. In der Bibel werden diese Entitäten ‹die Geister des Bösen im Himmel› oder ‹die Geister des Bösen in der Luft› genannt. In dem Brief an die Epheser können wir darüber folgendes lesen:

«Wir haben ja nicht zu kämpfen gegen Fleisch und Blut, sondern gegen die Mächte, gegen die Gewalten, gegen die Weltherrscher dieser Finsternis, gegen die Geister des Bösen im Reich der Himmel.»

(Epheser 6,12–13)

Viele nationale und internationale Spannungen werden teilweise auch durch ‹die Geister des Bösen in der Luft› verursacht. In den alten Einweihungsschulen wurden die Einweihungskandidaten ausführlich darüber informiert. Falsche Messiasse und falsche Propheten stehen bewußt oder unbewußt im Dienste der ‹Geister des Bösen in der Luft›.

Da die heutige atmosphärische Revolution mit einem Bombardement interkosmischer Strahlung auf das elektromagnetische Feld der Erde und auf die feinstofflichen, die Erde umhüllenden Bereiche einhergeht, bedeutet dies, daß die *gesamte* Erde eine *Wiedergeburt* durchmachen wird. Diese Wiedergeburt kündet sich in *Wehen* an, die im politischen, wirtschaftlichen und religiösen Bereich einsetzen. Schließlich erfolgt dann die Wiedergeburt in der *Form*, das heißt, daß sich die Erde durch eine Reihe von geologischen Veränderungen, sogenannten Kataklysmen, erneuert. Diese im Kaliyuga stattfindende Erneuerung ist vor allem notwendig, weil die Erde dann so verschmutzt sein wird, Symbol eines verunreinigten Geistes, daß eine Reinigung unvermeidlich ist. Die Wiedergeburt eines Planeten, in unserem Falle der Erde, läßt sich mit der Geburt eines Kindes vergleichen. Die rhythmischen Kontraktionen der Gebärmutter vor, während und nach der Geburt des Kindes, die Wehen, kennzeichnen auch den Prozeß der Wiedergeburt der Erde, hier in Form von geologischen Kontraktionen bzw. Wehen.

Das hermetische Axiom *Wie oben so unten* spricht nicht nur die enge Beziehung zwischen Geist und Materie an, sondern auch die miteinander verbundenen Daseinsbereiche. Alles hängt mit allem zusammen. Der Buddha bezeichnete dies als *bedingte Entstehung*. Wenn ein Planet eine durch einen zyklischen Zeitablauf bestimmte Wiedergeburt durchmachen muß, betrifft dies *alle* Daseinsbereiche, die mit der Erde verbunden sind, die stofflichen wie die feinstofflichen. Das gleiche gilt für die Wiedergeburt eines Sonnensystems, eines Milchstraßensystems und auf der höchsten Ebene: für die Wiedergeburt des gesamten Kosmos.

In unserem Sonnensystem steht die Erde jetzt vor einer völligen Wiedergeburt. Dies bringt auch ein *Großreinemachen* mit sich. Alles, was kristallisiert ist und sich stofflich oder unstofflich zu halten versucht, wird aufgesprengt. Dieses Reinemachen wird vor allem durch die Energien der drei Mysterienplaneten Neptun, Uranus und Pluto ermöglicht. Die Konstellation dieser drei Planeten läßt es jedoch vorübergehend zu, daß sich allerlei Entitäten (Wesen) dem Menschen in unterschiedlichen Bereichen, u. a. mit Hilfe von medialen Mitteln, einfacher denn je offenbaren können. Daß manch einer dabei Scharlatanen oder dämonischen Kräften zum Opfer fallen kann, ist auch in der Esoterik bekannt. Die meisten Formen von *Channeling* und anderen okkultistischen Handlungen lassen sich darauf zurückführen. Wir schließen dabei nicht aus, daß sich unter bestimmten Bedingungen auch seriöse Entitäten offenbaren können. Man sollte sich immer vor Augen führen, daß alles, was sich dem Menschen unter den Namen Liebe, Freiheit, Einweihung, neue Zeit, neuer Mensch präsentiert, nicht automatisch auch eine Garantie für Zuverlässigkeit ist.

So wie hier auf Erden von einem hierarchischen Denken die Rede ist, das gerade in unserer Zeit durch die Einflüsse des Aquarius (Wassermanns) immer mehr vernichtet wird, so befinden sich in den feinstofflichen Bereichen Hierarchien, die Interesse daran haben, daß vor allem bestimmte religiöse Institutionen und politische und wirtschaftliche Organisationen beibehalten werden, um weiterhin Macht auf die Masse ausüben zu können und sich ihrer ‹Nahrung› sicher zu sein. Diese Hierarchien können sich sowohl medial als auch stofflich offenbaren. In der christlichen Mythologie ist von *luziferischen Geistern* die Rede, die sich in allerlei Daseinsbereichen befinden. Charakteristisch für den luziferischen Geist ist die *Nachahmung*, die *Imitation*.

Sicher, es gibt unstoffliche Hierarchien, die auf menschenwürdige Ziele ausgerichtet sind und über ein großes Potential an Güte verfügen. Aber das ist noch keine Befreiung. Im Universum sind zahllose Hierarchien tätig, und für einen Unwissenden ist es nicht ganz gefahrlos, sich einfach so mit bestimmten Entitäten zu verbinden. Wo Brüderschaften des Lichts wirken, gibt es auch Brüderschaften des Schattens. Es gibt dem Ego oft viel Ansehen, wenn man sagen kann, man stünde in Verbindung mit einer bestimmten Hierarchie, mit bestimmten Meistern, die es gar nicht abwarten können, ihre Botschaften – gegebenenfalls in esoterischer Verpakkung – weiterzugeben. Falsche Messiasse haben eine große Ähnlichkeit mit dem wahren Messias. Falsche Propheten weisen große Ähnlichkeiten mit echten Propheten auf. Christus selbst lehrte uns:

> «Hütet euch vor den falschen Propheten, die in Schafskleidern zu euch kommen; inwendig sind sie reißende Wölfe. An ihren Früchten werdet ihr sie erkennen. Sammelt man denn Trauben von Dornen oder Feigen von Disteln? So bringt jeder gute Baum gute Früchte, der schlechte Baum aber bringt schlechte Früchte. Ein guter Baum kann nicht schlechte Früchte bringen, und ein schlechter Baum kann nicht gute Früchte bringen. Jeder Baum, der nicht gute Früchte bringt, wird herausgehauen und ins Feuer geworfen. An ihren Früchten also werdet ihr sie erkennen.»
>
> *(Matthäus 7,15–20)*

An den Früchten können wir den falschen Messias und den falschen Propheten erkennen. Aber die Früchte hängen nicht von Anfang an am Baum, sie brauchen Zeit zum Reifen. Früher oder später werden sie jedoch sichtbar. Viele falsche Messiasse, falsche Propheten und falsche Gurus hüllen sich in *Schafskleider,* von jeher die Kleidung des eingeweihten *guten Hirten,* der seine ‹Schafe›, seine Schüler, zum Unterricht um sich schart. Die *Kleidung* eines *guten Hirten* ist ein *Mantel ohne Naht,* eine strahlende, makellose Aura. Ein falscher Messias oder ein falscher Prophet kann sich jedoch durch magische Kunst in ein solches *Schafskleid* hüllen. Aber vor den *Electi,* den ‹Auserwählten› bzw. den Eingeweihten, läßt sich die wahre Beschaffenheit dieses Schafskleides nicht verbergen. Falsche Messiasse und falsche Propheten sind dazu verdammt, die Dualität des Wissens von Gut und Böse aufrechtzuerhalten. Obwohl es manchmal den Anschein hat, daß sie dem Menschen die Frucht des ‹Lebensbaums›, die Ganzheit, geben, bieten sie ihm in Wirklichkeit die Frucht des Baumes der Erkenntnis von Gut und Böse, die Dualität an. Und selbst das große Wunder kann diese Dualität nicht aufheben.

Falsche Messiasse und falsche Propheten bieten falsche *Gnosis* an. Sie sprechen vom *Himmelreich,* meinen aber ein *Königreich auf Erden.* «*Mein Königtum ist nicht von dieser Welt*», sagt Jesus (Johannes 18,36). Das *Himmelreich* ist der Bewußtseinszustand, in dem jede Dualität aufgehoben ist.

Aquarius will dem Menschen *die Bestimmung über sich selbst* geben. Falsche Messiasse und falsche Propheten führen den Menschen durch das hierarchische Denken in die Abhängigkeit. Dort, wo geistiger Hunger (Aas) nach Erlösung und Frieden herrscht, werden sie sich wie die Geier versammeln. Wir brauchen uns nur umzuschauen, um zu sehen, wieviele sich anmaßen, anderen den Weg zur Erlösung zu zeigen, obwohl sie im Grunde selbst Blinde sind, die Blinde führen wollen. Oft leiten sie Institutionen, von denen sie finanziell abhängig geworden sind. Wachsamkeit ist geboten, aber auch Liebe und Vertrauen. Auch falsche Messiasse und falsche Propheten gehören zur Ganzheit und spielen darin ihre Rolle. Auch dürfen wir nicht vergessen, daß es in unserer Zeit viele *gute Hirten* gibt, die aus einem tiefen Mitgefühl heraus alles tun, um den Menschen auf den Dharma hinzuweisen, der in erster Linie durch den Menschen *selbst* verwirklicht werden muß.

Die Wiederkehr Christi: ein inneres Ereignis

Das *Himmelreich* ist kein Garten Eden, den wir nach dem Tod betreten dürfen, wenn wir auf Erden ein gutes Leben geführt haben. Jesus verwendete diesen Begriff, um auf poetische Weise den *Bewußtseinszustand der Selbstverwirklichung* anzudeuten, der jede Dualität übersteigt. Logion 22 des *Thomasevangeliums* bringt dies auf treffende Weise zum Ausdruck. Das *Königreich* ist in uns. Paulus gebraucht die Sprache der Mysterien, wenn er das Geheimnis verkündet, das

«seit Anfang der Zeiten und Generationen verborgen war, jetzt aber kundgetan wurde seinen Heiligen. Ihnen wollte Gott zu wissen tun, was es um den herrlichen Reichtum dieses Geheimnisses ist unter den Heidenvölkern: das ist Christus in euch, die Hoffnung auf die Herrlichkeit.»   *(Kolosser 1,26–27)*

«Fleisch und Blut können das Reich Gottes nicht erben; ebensowenig wird die Verweslichkeit die Unverweslichkeit erben»,

heißt es im ersten Brief an die Korinther (1. Kor. 15,50). Das Himmelreich bezieht sich auf die *innere Auferstehung* vor dem Tode. Darüber lesen wir im gnostischen *Philippus-Evangelium:*

«Etliche sagen: ‹Der Herr ist zuerst gestorben und dann auferstanden.› Sie irren. Denn er ist zuerst auferstanden und dann gestorben. Wenn jemand nicht zuerst die Auferstehung erwirbt, kann er nicht ‹sterben›.»[111]

Das Himmelreich ist unsere ursprüngliche Natur. Solange wir das Himmelreich als etwas betrachten, das außerhalb von uns existiert – was die Kirchen lange Zeit mit Erfolg propagiert haben und manchmal noch propagieren –, werden die Dualität und die Suche des Menschen beibehalten. Im *Evangelium der Maria* (Nag-Hammadi-Texte) finden wir die folgenden Worte, die Jesus zu seinen Jüngern sprach:

> «Friede sei mit euch, strebt nach meinem Frieden. Seid auf der Hut, daß niemand euch irreführe mit den Worten ‹Seht hier› oder ‹Seht da›! Denn der Sohn des Menschen ist in eurem Innern. Folgt ihm nach! Die ihn suchen, werden ihn finden....»[112]

Und im Logion 3 des *Thomas-Evangeliums* lesen wir:

> «Aber das Reich ist in euch und außerhalb von euch. Wenn ihr euch erkennt, werdet ihr erkannt werden und werdet erkennen, daß ihr Söhne des lebendigen Vaters seid.»[113]

Das *Reich* ist immer *hier und jetzt* vorhanden, zeitlos, ohne Dualität. In allen heiligen Büchern und Schriften ist von diesem unterschiedlich benannten Bewußtseinszustand die Rede. Das Reich ist nicht vom zyklischen Dasein abhängig. Im Gegenteil: es ist die Besiegung des zyklischen Daseins, die Besiegung der ‹Welt›.

Wenn unser Geist leer ist und wir in bezug auf Vergangenheit oder Zukunft keine Fragen stellen, wird sich das Reich auf der Stelle hier und jetzt offenbaren. Erst wenn eine wahre ‹Armut des Geistes› gegeben ist, ist der Geist des Universums existent.

> «Es sagten zu ihm seine Jünger: ‹Wann wird die Ruhe der Toten eintreten, und wann wird die neue Welt kommen?› Er antwortete: ‹Die Ruhe, die ihr erwartet, ist ja schon gekommen. Aber ihr erkennt sie nicht.» (ebd.)[114]

Die Frage nach dem *Wann* oder dem *Wo* des Reiches gehört zu dem raum-zeitlichen Bereich der Offenbarungen. Dort spielt sich das zyklische Dasein ab und dort kann das Unsagbare, das Tao, der Ungrund, das Nibbana nicht erfahren werden. Solche Fragen lassen die Dualität fortbestehen. In der *Advaita-Lehre,* der Lehre von der Nicht-Zweiheit von Atman und Brahman, ist die Nicht-Dualität sehr eingehend ausgearbeitet worden. *Brahman* bedeutet dasselbe wie der gnostische Begriff *des Vaters.* Wenn Philippus Jesus bittet: ‹Herr, *zeige uns den Vater, und es genügt uns›,* lautet die Antwort Jesu:

«So lange Zeit bin ich bei euch, und du hast mich nicht erkannt, Philippus? Wer mich sah, hat den Vater gesehen. Wie kannst du sagen: Zeig uns den Vater!? Glaubst du nicht, daß ich im Vater bin und daß der Vater in mir ist? Die Worte, die ich zu euch sage, rede ich nicht aus mir; der Vater, der in mir wohnt, er selbst ist am Werke. Glaubt mir, daß ich im Vater bin und der Vater in mir ist! Wenn nicht, dann glaubt eben um der Werke willen!»

(Johannes 14,8–11)

Das *Mir,* von dem Jesus spricht, ist das *Mir* der *Upanishaden* und der *Bhagavad-Gîtâ.* in dem sich Krishna Arjuna offenbart:

«Und wer mein Werden und mein Tun, das göttliche, in Wahrheit kennt,
Erleidet keine Neugeburt, – er geht im Tode zu mir ein.»[115]

Dieses *Mir* ist Krishna, der Vater des Universums, das unveränderliche Selbst, das unnennbare Tao:

«Ich bin der Vater dieser Welt, bin Mutter, Schöpfer, Ahnherr auch.» (ebd.)[116]

Und an anderer Stelle in der *Bhagavad-Gîtâ* heißt es:

«Ich bin der Ursprung dieses Alls, aus mir geht dieses All hervor, –
In solcher Ansicht huld'gen mir die Weisen, ganz von Lieb' erfüllt.»[117]

In Logion 77 des *Thomas-Evangeliums* wird das wie folgt formuliert:

«Jesus sprach: Ich bin das Licht, das über ihnen allen ist. Ich bin das All. Das All ist aus mir hervorgegangen und des All ist zu mir zurückgelangt. Spaltet ein Stück Holz, und ich bin da. Hebt einen Stein, und ihr findet mich dort.»[118]

Die Wiedergeburt Christi ist ein inneres Ereignis. Es ist die *Wiedergeburt aus Wasser und Geist,* von der Jesus zu dem Schriftgelehrten Nikodemus spricht (Johannes 3,4–14). Wasser ist *Gnosis,* innere Erkenntnis. Lebendiges Wasser ist die Quelle des Lebens selbst. *Geist* deutet auf die alles durchdringende Kraft des Universums hin. Im Hinduismus wird dies *Akshara* genannt, das sich äußert in *Prâna,* dem Lebensatem, und in der Bibel findet man dafür die Bezeichnung *Nefesj,* der durch den *Ruach,* den Geist Gottes, zum Leben erweckt wird. Ein äußerlicher Messias oder Christus kann keine Wiedergeburt erlangen. Ein Christus ist ein in Gott verwirklichter Mensch, ein *Christos.* Keine tausend Christusse können uns die Wiedergeburt geben. Aber sie geben uns die Erkenntnisse und die Liebe, um zur Befreiung, zur Selbstverwirklichung zu gelangen. Die Abhängigkeit von einem Messias erhält die Dualität. Wir selbst müssen *Eins* werden. Wenn wir die zwei nicht zu eins machen (Logion 22 des *Thomas-Evangeliums*), werden wir nicht in das Reich eingehen können. Dann bleiben wir ein Spielball der Kräfte von Licht und Finsternis und können vom *Antichristen,* der sich auch in unserer Zeit offenbaren wird, getäuscht werden.

Licht und Schatten: der Antichrist

In unserer Zeit werfen sich bereits mehrere Gestalten zum Neuen Messias, dem Neuen Lehrer, dem Meister aller Meister, dem Christus dieser Zeit auf. In vielen Fällen knüpfen sie an die Heilserwartungen der unterschiedlichen Religionen an, innerhalb derer ein neuer Heiland erwartet wird, und sie machen sich Lehren aus verschiedenen esoterischen Schulen (u. a. Theosophie, Rosenkreuzer, Freimaurer) zunutze. Das Spiel eines ‹nachgemachten› Christus oder Buddha ist keineswegs neu und wird im Kaliyuga von Faktoren beeinflußt, die eine Massenbegeisterung begünstigen. Infolge der oftmals überaus raffinierten Imitationen und des intensiven Gebrauchs von Texten aus geweihten Büchern ist es für viele sehr schwer, zwischen wahr und unwahr, zwischen einem echten und einem falschen Christus zu unterscheiden.

Aber, wie wir bereits zitierten: «*An ihren Früchten werdet ihr sie erkennen.*» Es ist eine uralte Geschichte: Wo sich die Wirkung des Lichtes zeigt, stellt sich sofort auch der Schatten ein. Als sich der ägyptische Gott *Osiris*, Gott des Lichtes, offenbart, taucht auch sein *Bruder Seth* auf. Als *Zarathustra* seine durch den Gott Ahura Mazda personifizierte Lehre von der Wahrheit, dem All-Guten, dem Licht, offenbaren will, begegnen ihm die *schwarzen Priester*, die Diener der Lüge, des Bösen, der Finsternis, die in Angro Mainyu oder Ahriman personifiziert werden. Im Leben *Jesu* Christi ist es der Jünger *Judas*, der die Rolle der Verfinsterung und des Verrats auf sich nimmt. Auf einer tieferen Ebene wird dies durch den Satan, den Widersacher versinnbildlicht. Beim *Buddha* ist es dessen *Neffe Devadatta*, der sich dem Buddha ständig widersetzt, und Mâra, der Böse, erfüllt hier die gleiche Rolle wie der Satan bei Jesus. Auch *Parzival* muß sich bei seiner Suche nach dem Gral immer wieder mit Gegnern auseinandersetzen. Sie sind in irgendeiner Weise *Angehörige* von ihm, so wie Arjuna in der *Bhagavad-Gîtâ* den Kampf mit den eigenen Blutsverwandten, ‹seinen Onkeln, Lehrern, den Brüdern seiner Mutter, seinen Neffen, den Söhnen, Enkeln und Freunden, Schwiegervätern und Gönnern› aufnehmen muß.

Diese Angehörigen symbolisieren Aspekte eines einzigen Bewußtseins. Als Gawan in der Parzivalgeschichte *die Schatelmerveille,* den vollkommenen *Gegenpol der Gralsburg,* erobert, ist es im Grunde Parzival selbst, die Züge Gawans tragend, der dieses Abenteuer erlebt. Der schwarze Magier Klingsor stellt die in jedem Menschen vorhandene machtbesessene Schattenseite des durch das Ich verzauberten Bewußtseins dar. Dr. Walter Johannes Stein hat in seiner faszinierenden *Weltgeschichte im Lichte des heiligen Gral. Das große neunte Jahrhundert* nachgewiesen, daß die Gralserlebnisse auf historische Ereignisse im 8. und 9. Jahrhundert zurückzuführen sind. In seiner Analyse der Parzivalgeschichte konzentriert er sich aber in erster Linie auf die innere Entwicklung des Menschen, die durch die *Gradalis,* die in der *Saelde,* der Glückseligkeit, endenden, *stufenartigen Entwicklung* Parzivals symbolisiert wird.[119]

Der *Gral* steht für die letzte Phase im Prozeß der Selbstverwirklichung, er bildet die Krönung des Weges zur Erleuchtung. Der Gral selbst *ist* die Erleuchtung, was zum Ausdruck gebracht wird durch eine stoffliche Form – meistens Gold –, die dem Licht am nächsten kommt. In dieser Phase ist das Bewußtsein über jede Dualität erhaben, es befindet sich in völliger Ruhe und vollkommenem Frieden. Die Reinheit dieses Symbols wird nicht von einem stofflichen Gral, einer Gruppe oder einer Bewegung bestimmt, sondern von der *inneren* Haltung, die alle Grenzen der Polarität überwunden hat und in allen lebenden Wesen ein und denselben Gott erkennt. Wer sich mit dem Gral verbunden weiß, lebt ein reines Leben in Liebe und Wahrheit.

In der Sage von *Artus* und den zwölf Rittern fungiert *Mor-*

dred als Widersacher. Auch hier begegnen wir auf einer inneren Ebene der Entstehung der erleuchtenden Erkenntnis im Menschen. Seth, Ormazd, Satan, Mâra und viele andere Namen, die wir in den Weltreligionen antreffen, symbolisieren den *Schatten im Menschen selbst,* die finstere Kraft im Unbewußten. Je größer die Isolation in uns selbst ist, je schärfer nehmen wir den Schatten bei unserem Bruder wahr. Dieser Schatten kann sich in verschiedenen Formen offenbaren: als *Archetypus, Symbol, äußere Gestalt, Idee, Ideologie* oder *Dogma.* Bezeichnend für diese Kraft ist die Aufrechterhaltung der Dualität, die vor allem durch die Schaffung künstlicher Gegensätze genährt wird. Der Gegensatz bietet zugleich aber die Möglichkeit, sich des im Bewußtsein verborgenen Potentials bewußt zu werden. Durch das Bild des Teufels treten die guten Eigenschaften Gottes umso besser zutage. Durch die Symbole des Bösen (z. B. das umgekehrte Pentagramm) tritt das Symbol der Verwirklichung (das Pentagramm) umso deutlicher hervor. Ohne den Kapitalismus wäre die Entwicklung einer bestimmten Art von Sozialismus unmöglich gewesen. Natürlich ist damit nicht das tiefergehende Problem der *Existenzmöglichkeit des Bösen* gelöst. Gut und Böse sind Pole derselben Energie. *Wirksam* werden sie erst durch unsere Lebenshaltung, durch unser trennendes Bewußtsein, dadurch, daß wir von den Früchten der Erkenntnis von Gut und Böse *essen.* Hierdurch kann das Böse auf Dauer sogar abscheuliche Formen annehmen. Jenseits dieser Dualität ist alles in Ordnung, herrscht vollkommene Harmonie, vollkommenes Bewußtsein, vollkommener Friede.

Judas, Devadatta, Klingsor und Mordred sind äußere Gestalten der tieferliegenden Kräfte in uns, die auf verschiedene Arten sichtbar gemacht werden können. Obwohl wir diese Kräfte bei anderen umso schärfer wahrnehmen (vgl. das Sprichwort von dem Balken und dem Splitter!), verneinen wir sie in uns selbst meistens so lange, bis sie sich in einer allesvernichtenden Energie entladen. Ein deutliches Beispiel dafür ist der Zweite Weltkrieg. Damals wurden diese finsteren Kräfte von einer psychologisch durchdachten Propagandamaschine aufs raffinierteste manipuliert. Sie fanden ihren Ausdruck in dem verlogenen Mythos von ‹Ein Reich, ein Volk, ein Führer›. Das Bedürfnis, einen *Sündenbock* zu schaffen, um einer bestimmten Bevölkerungsgruppe die Schuld unseres Versagens zuschieben zu können (z. B. Hitlers *ewiger Jude*) oder eine andere in den Himmel zu heben (*der gute, edle Wilde* in der Zeit der beginnenden Zivilisation), zeugt von der projizierenden Kraft des Bewußtseins, die Gut und Böse sowohl negativ als auch positiv manipuliert. In Weltkrisen zeigt sich oft, daß sich das Bewußtsein des Menschen an urkonservative Auffassungen von der *guten* und der *schlechten* Partei klammert, wobei man in beiden Parteien nicht davor zurückschreckt, um Gottes (welchen?) Gunst zu bitten. Eine psychologische Analyse der einzelnen Weltkrisen wird schon bald aufweisen, daß die Erzeugung eines Feindbildes, verbunden mit archetypischen Kräften wie dem Satan oder dem Teufel, auch der Rechtfertigung eines ‹heiligen Krieges› dient. Da alles miteinander zusammenhängt, schafft die Welt sich auch ihre eigenen Diktatoren, ihre eigenen Antichristen, ihre eigenen, manchmal widerwärtigen Führer. In unserer Zeit brauchen wir nur die unheilbringenden, nahezu jedes Land der Erde erreichenden Machenschaften der Waffenindustrie zu verfolgen, um zu wissen, daß keine ernsthafte Krise ausbrechen kann, ohne das Machtpotential der Waffen – Waffen, geliefert von unzähligen Firmen zur weiteren Mästung des alles verschlingenden Mammons.

Die christlichen Gnostiker haben die Kräfte des Schattens im Menschen von jeher als den *Antichristen* bezeichnet. In der Symbolik von Ost und West werden diese Kräfte durch zahllose Dämonen und Teufelsfiguren versinnbildlicht (z. B. die Mâras bei Buddha, die vielen Dämonen im Hinduismus, der Teufel in der Tarotkarte und die Gargouilles, die oftmals dämonenhaften Wasserspeier in gotischen Kirchen (u. a. in den Kathedralen von Chartres und Amiens und in Notre Dame in Paris). Auch die katholische Kirche benutzte den Begriff *Antichrist* und projizierte ihn nur allzugern auf die Gnostiker und andere, in ihren Augen abweichende Gruppen und Individuen, die als *Ketzer* bezeichnet wurden: die von der als rechtgläubig anerkannten (orthodoxen) Lehre abweichen. Viele ‹ketzerische› gnostische Bewegungen bezeichneten wiederum die Orthodoxie (besonders den Papst) als Antichristen. Manche Gnostiker meinten mit dem Antichristen nicht eine Person, sondern eine im Unterbewußtsein wirksame Kraft, die sich aufgrund tiefer Unwissenheit gegen die erleuchtende Erkenntnis (Gnosis oder Christos genannt) auflehnte.

Neueste Forschungen zum gnostischen Dualismus haben ergeben, daß längst nicht in allen Fällen von einem strengen Dualismus die Rede war, wie er z. B. dem Manichäismus unterstellt wurde. So schreibt Prof. Dr. G. Quispel, aus dem *Kölner Mani-Kodex** habe sich ergeben, *daß die Versöhnung zwischen Selbst und Ich, die* dualitudo *genannt wird, Mani viel mehr bedeutete als sein Dualismus.*[120] In dem Buch *Contra Faustum Manichaeum* von *Augustinus* wird die Frage in einem Dialog zwischen den Ex-Manichäer Augustinus (man lese seine *Bekenntnisse*) und dem Manichäer Faustus von Milet angesprochen. Die Manichäer kannten nicht zwei Götter, wie Augustinus Faustus zu unterstellen versucht, sondern einen Gott und zwei Prinzipien. Das eine Prinzip nannten sie Gott und das andere *hylè* oder Materie, exoterisch auch Dämon genannt. Wer den komplizierten kosmologischen Mythos von Mani exoterisch deutet, bleibt in einem vermeintlichen, oberflächlichen Dualismus stecken und dringt

---

* Der Kölner Mani-Kodex – das kleinste Buch der Welt – erzählt in griechischer Sprache das Leben von Mani.

nicht zum *Mysteriengehalt* dieses Mythos vor. Der Mythos ist nur ein Hilfsmittel, um die uralte Dualität im menschlichen Bewußtsein zu besiegen.

Was *Augustinus* über den Manichäismus geschrieben hat, ist natürlich stark subjektiv gefärbt, weil er selbst neun Jahre lang *Auditor* dieser gnostischen Bewegung war und niemals zum Kreis der *Electi* vorgedrungen ist! Seine Äußerungen über die Manichäer und über Mani sind oft sehr spitz formuliert, negativ und zynisch. In mehreren ‹Bekanntnissen› seiner manichäischen Vergangenheit wird nicht objektiv berichtet, sondern treten unbewältigte Gefühle und Enttäuschungen zutage. Zweifellos besteht ein Zusammenhang zwischen Augustinus als Autor der *Civitas Dei* (Stadt Gottes) und der unbewältigten gnostischen Vergangenheit. Daß Augustinus in geistiger Hinsicht einen Höhepunkt erreichte, mystisch veranlagt war und über ein außergewöhnlich großes Wissen verfügte, wird übrigens niemand bestreiten. Aber das war anscheinend nicht das, was der Kreis der Electi (der auserwählten Manichäer) für die Fortsetzung des gnostischen Pfades von ihm verlangte. In Buch 3,VI,10 seiner *Bekenntnisse* schreibt er z. b. über die Manichäer:

«So kam es, daß ich unter Menschen geriet, die vor lauter Überheblichkeit wahnwitzig waren, fleischlich und geschwätzig im Übermaß; in ihrem Mund lauerten Teufelsschlingen, und der Köder, mit dem sie mich fingen, bestand aus einem wirren Gemisch von Silben Deines Namens und des Namens des Herrn Jesus Christus und dessen Heiligen Geistes, unseres Trösters. Diese Namen wichen nicht von ihren Lippen, aber sie waren bloßer Schall und Zungengeräusch, ihr Herz war leer von Wahrheit. Sie sprachen in einemfort von Wahrheit, sprachen mir dauernd davon, und doch war sie nie bei ihnen; nicht nur über Dich redeten sie Falsches, der Du wahrhaft die Wahrheit bist, sondern auch über das Wesen dieser Welt, Deiner Schöpfung. In diesem Gebiet mußte ich (später) auch Wahres aussagende Philosophen hinter mir lassen, aus Liebe zu Dir, meinem allerbesten Vater, alles Schönen höchste Schönheit. O Wahrheit, Wahrheit, wie seufzte ich damals schon sehnsüchtig nach Dir, da jene Leute dauernd und auf vielerlei Art Dich mir in die Ohren schrien, mit bloßem Tonschall und mit vielen dickleibigen Büchern. Und was sie mir, der nach Dir hungerte, statt Deiner vorsetzten: das waren Sonne und Mond, Deine schönen Werke, aber eben doch nur Deine Werke, nicht Dich selbst, und nicht einmal Deine wichtigsten Werke. Denn Deine höchsten sind geistige, und diese sind körperliche, so schön sie am Himmel glänzen. Ich aber hungerte und dürstete nicht nach jenen Werken, sondern nach Dir selbst, Du Wahrheit, ‹in der es keine Veränderung und keine Schatten von Wandel gibt›. Und weiterhin tischte man mir auf jenen Tellern strahlende Phantome auf, angesichts derer man noch besser die Sonne geliebt hätte, die wenigstens für die Augen wahr ist, als jenes Falsche, bloße Ausgeburten des durch Augentrug getäuschten Geistes. Aber ich nahm sie als Dich hin, aß davon, wenn auch nicht gierig, schmecktest Du doch meinem Munde nicht so, wie Du bist, und Du warst es auch nicht, und statt mich zu nähren, zehrte es mich noch mehr aus.»[121]

In Buch 5 beschreibt er, weshalb er die Manichäer verlassen mußte.[122] Darin sagt er auch, wie er über Faustus dachte:

«Im Angesicht meines Gottes will ich erzählen, was mir im neun-undzwanzigsten Jahre meines Lebens begegnete. Ein Bischof der Manichäer, Faustus, war nach Karthago gekommen, ein rechter ‹Teufelsstrick›, von dem viele sich fangen ließen durch seine verführerische sanfte Beredsamkeit. Diese zwar lobend, wußte ich sie doch schon von der Wahrheit der Dinge, die zu erfassen ich begierig war, zu unterscheiden. Ich sah weniger auf das Gefäß der Rede als auf die Wissensspeise, die mir der von den Seinen vielgerühmte Faustus vorsetzen konnte.»[123]

Dennoch konnte er Faustus eine gewisse Sympathie entgegenbringen, da dieser ‹nicht ohne Einsicht in seine Einsichtlosigkeit› war. Im Zusammenhang mit der Person Manis spricht Augustinus u. a. von ‹schamlos›, ‹irrigen Aussagen› und ‹überheblich eitlem Hochmut›. Man fragt sich, wieso Augustinus dennoch neun Jahre lang bei den Manichäern war, ehe er diese ‹verwerfliche Sekte› anklagte. Daß es zwischen den Auffassungen der Manichäer über ‹die zwei Reiche› und denen des Augustinus dennoch einige Gemeinsamkeiten gibt, zeigt uns die umfangreiche Studie *Jeruzalem en Babylon* (Jerusalem und Babylon) von Dr. J. van Oort.[124]

Die Beschuldigung, die Katharer hätten eine dualistische Philosophie, wird noch heute von der katholischen Kirche aufrechterhalten. Aus diesem Grund wurden die Katharer oft Manichäer (damals ein Schimpfwort) genannt.

Der Antichrist offenbart sich übrigens nicht ausschließlich im religiösen Bereich. Die Energie des Antichrist ist auf allen Ebenen des gesellschaftlichen Lebens vorhanden, auf denen wir noch im ich-gerichteten Bewußtsein gefangen sind. Es ist eine Kraft, die gegen die Erfüllung des Lebens gerichtet ist, eine Kraft, die Kummer, Leid, Krankheit und Tod verursacht; kurz, die das Rad von Samsâra in Bewegung hält. Die Kraft des Antichrist richtet den Blick des Menschen vor allem auf die unersättlichen Begierden, die den Menschen von einem Kräftespiel außerhalb seiner Selbst abhängig machen. *Sathya Sai Baba* sagt darüber:

«Die wichtigste Ursache für das Leid in der Welt ist die Tatsache, daß die Menschen nicht in sich hineinschauen; sie vertrauen auf Kräfte von außen.»[125]

Dadurch bleiben wir gebunden an das zyklische Dasein, das uns unwissend von Existenz zu Existenz treibt, und in dem wir ein ständiges Gefühl des Unbefriedigtseins erfahren werden. Auf diese Weise sind wir wie die Wellen des Meeres Teil einer kontinuierlichen Bewegung. Jede Welle besteht aus unendlich vielen Tropfen. Sie endet zwar am Strand, doch die unaufhörliche Bewegung wird von immer neu anrollenden Wellen fortgesetzt. Wenn wir uns mit einer Welle identifizieren und vergessen, daß diese ein Teil des Ozeans ist, und daß wir dieser Ozean *sind,* dann sind wir zu einer endlosen Suche verdammt, ohne daß uns bewußt wird, was wir sind: Das. Solange wir das Opfer sind des von uns fortgesetzten Spiels von Licht und Finsternis, solange sind wir es selbst, die in den Intervallen dieser Energien den Antichrist erschaffen. Es sollte uns dann auch nicht wundern, wenn dieser Antichrist eines Tages in einer Gestalt aus Fleisch und Blut erscheint. Die Tragik eines solchen ‹lebendigen› Antichrist liegt nicht in der Tatsache, daß er sich als einen Maitreya (Verkörperung allumfassender Liebe) aufspielen kann, der möglicherweise Millionen von Menschen blendet, die Tragik liegt in der Bestätigung der fundamentalen Unwissenheit des Menschen. Der unwissende Mensch läßt sich immer wieder aufs neue an das Rad von Samsâra binden, auch wenn eine Befreiung in Aussicht gestellt wird. Doch auch diese Tatsache gehört zum göttlichen Spiel (Lîlâ), das letztendlich, wenn auch auf einem oft schmerzhaften Weg, für viele doch noch zu einer Bewußtwerdung führt. Aus der Sicht von Das haben sich die Dinge dann aber schon ereignet.

9. Ost oder West, daheim das best

Die Sache ist im Grunde einfach, trotz (und letztlich auch dank) der esoterischen Reflexionen, Symbole, Zahlen, Zyklen und Weisheitstexte.

Worum es im Leben wirklich geht und worüber alle großen Religionen und Weisheitslehren sprechen, ist: wieder heimkommen, die tatsächliche Befreiung vom Rad der Wiedergeburten (Samsâra), das uns, die wir von Begierden getrieben werden, immer wieder aufs neue dem scheinbaren Glück und dem scheinbaren Frieden nachjagen läßt. Heimkommen: das ist der Kern der östlichen und westlichen Weisheit.

Heimkommen ist dort sein, wo es keinen Anfang und kein Ende gibt, kein Kommen und Gehen, kein hoch und niedrig, kein drinnen und draußen, kein Gott und Mensch. Heimkommen ist wieder zu Hause sein im Einen, im Selbst, im Ungrund oder wie immer man dieses Zuhause nennen mag. Zu Hause sein heißt, alle Häuser hinter sich lassen, alle Bindungen aufgeben, sich aus allen Berufen und Rollen, die wir im Laufe der Zeit gespielt haben, zurückziehen, in dem Bewußtsein, daß Samsâra goldene, silberne, kupferne und eiserne Gondeln schafft, in denen wir so lange gefangenbleiben, bis wir dieses Rad zum Stillstand bringen und das Rad der Wahrheit (den Dharma) vergegenständlichen.

Wer den Pfad der Befreiung geht, verliert sein festes Haus, seinen festen Platz, seinen festen Tempel. In den *Johannesakten* lesen wir, wie Jesus kurz vor seiner Auslieferung mit seinen Jüngern einen Reigen tanzt und dabei u. a. folgende Wort spricht:

«Ein Haus habe ich nicht,
und Häuser habe ich. – Amen
Eine Stätte habe ich nicht,
und Stätten habe ich. – Amen
einen Tempel habe ich nicht,
und Tempel habe ich. – Amen
Eine Leuchte bin ich dir,
der du mich siehst. – Amen
Ein Spiegel bin ich dir,
der du mich erkennst. – Amen
Eine Tür bin ich dir,
der du an mir anklopfst. – Amen
Ein Weg bin ich dir,
dem Wanderer. – Amen»[126]

Um heimkommen zu können, müssen wir unser Haus verlassen. Nicht wörtlich, obwohl sich manche Heimkehrer
auch für diesen Weg entscheiden. Das Haus ist ein Symbol
für alles, was wir im Laufe unseres Lebens an Besitz und Bindungen ansammeln. In der heutigen Zeit ist ein solches Haus
in den meisten Fällen auch noch mit einer Hypothek bela-
stet, und man ist oft ein ganzes Leben dabei, etwas abzuzah-
len, wovon man sich am Ende seines Lebens wieder trennen
muß. Es ist nichts dagegen einzuwenden, in einem Haus zu
wohnen, wenn das Haus nur nicht die Illusion nährt, alles sei
sicher und unveränderlich. Das kann keine Versicherung ga-
rantieren, auch wenn es nach außen hin den Anschein hat.
Ein Haus gewährt nur vorübergehenden Schutz. Manche
Leute geben auch diesen Schutz auf und führen, wie die ersten buddhistischen und christlichen Mönche das taten, ein
heimatloses Leben (von den buddhistischen Mönchen *pab-
bajjâ* genannt). Je stärker wir uns an etwas binden, je größer
ist die Gefahr, daß wir unser Zuhause nicht finden werden.
Das alles soll nicht heißen, daß man kein Haus haben oder
sich nicht irgendwo zuhause fühlen dürfte. Wir wollen nur
auf die *Bindung* aufmerksam machen, die dabei allzuleicht

und allzuoft entsteht. Wenn wir all unsere ‹Häuser› loslassen, alles, mit dem wir uns verbunden fühlen, dann können die Begierden für immer verbrennen, und es wird nichts als Asche übrigbleiben. Es gibt nur ein Allheilmittel für die völlige Heimatlosigkeit, durch die das wahre Zuhause-Sein in uns realisiert wird: Liebe.

Liebe, ein prostituiertes Wort, vielfach mißbraucht, um den anderen Menschen fester an sich zu binden, und um die Taschen der Plattenproduzenten zu füllen. Ein Wort, das nicht selten nur egoistischen Zwecken dient. Ein Wort, das jeder in seinem Wortschatz hat, gerade weil es für die meisten Menschen ein ‹Wort› geblieben ist, ein nichtssagender Begriff. Wir brauchen uns nur in der Welt umzusehen, um zu erkennen, daß Liebe weder die Wurzel noch die Blüte ist von dem, was der Mensch erdenkt und tut. Trotzdem ist die Liebe die Energie, aus der das All immer wieder neu entsteht und in der es vergeht, ohne Anfang oder Ende, wie die universelle Lotusblüte, die immer wieder aufs neue aus dem Herzen Brahmas emporwächst und in jedem Wesen aufblüht, das eine völlige Wunschlosigkeit und Heimatlosigkeit erreicht hat.

Wer meint, es gäbe die Liebe nicht, und dabei auf die zahllosen Kriege und nie endenden Gewalttätigkeiten verweist, sagt mehr über die verfehlten Chancen des Menschen aus als über das Nicht-Vorhandensein der Liebe. Wenn die Sonne von Wolken verdeckt wird, heißt das noch lange nicht, daß es die Sonne nicht gibt. Alle großen Propheten, Erleuchteten, Mystiker, alle Botschafter des Unsichtbaren leben aus der Liebe heraus. Die Erde ist mehr als das Gesetz von Fressen und Gefressenwerden. Der Mensch ist das einzige irdische Wesen, das in der Lage ist, sich über seine tierische Natur zu erheben. Läßt er diese Fähigkeit brachliegen, sinkt er weit unter das Niveau eines Tieres herab und vernichtet in einem Teufelskreis diese wunderschöne Erde, die ihm eine Mutter sein möchte. Gelingt es ihm, die tierischen Begierden zu transformieren, kann er zum Buddha, zum Christus, zum Avatar werden. Streitgespräche über die Fragen, ob Christus nun der *Einziggeborene Sohn* war oder nicht, ob der Buddha der einzige war, der die höchste Wahrheit verkündet hat, oder ob Sai Baba der vollkommene Avatar ist usw., können wir getrost den Schriftgelehrten überlassen. Für den, der über die Grenzen jeder Dualität hinausgeschaut hat, existiert die innere Gnosis, die Erkenntnis, daß alles Eins ist, daß es einzig und allein Wahrheit gibt, die sich aber in unterschiedliche Gestalten, Eigenschaften und Worte hüllen kann.

Alle Worte, mit denen wir die göttliche Wirklichkeit benennen, erweisen sich als völlig unzulänglich oder werden innerhalb kürzester Zeit zu Klischees. Unser beschränkter Geist (mind) ist nicht fähig, uns durch eine scharfsinnige Argumentationsweise oder eine klare Philosophie auch nur einen einzigen Schritt näher zum Mysterium zu bringen, das wir selbst sind. Dafür muß unser Ego ausgelöscht werden, unser ‹mind› muß zu einem leeren Spiegel werden. Aber auch das sind alles nur Begriffe, wie auch das Eine und Zuhausesein Begriffe sind. Wasser ist mehr als H_2O. Wer das nicht glaubt, sollte sich mal eine Weile in der Wüste aufhalten. Liebe ist mehr als ein Wort. Wer das nicht glaubt, sollte mal den Pfad der Befreiung *gehen*, den seine Religion ihm geschenkt hat.

Der Verstand wird immer disputieren, und bestehende Meinungen werden immer ein Nährboden für neue Meinungen sein. Der Geschmack von Honig ist aber nicht im geringsten mit den schönen Worten, die ihn beschreiben, zu vergleichen. Wenn der Avatar in unserer so arg mitgenommenen Welt existiert, können wir entdecken, ja sogar erfahren, daß Liebe sein Fundament, seine Quelle und sein Wesen ist. Was wir verwirklichen müssen, ist die Liebe als eine immer flimmernde Energie vollkommener Glückseligkeit. Wem es gelingt, alle Begierden aufzugeben, der wird sich schrittweise der Erfahrung annähern, obwohl es diesen *Je-*

mand, der die Erfahrung macht, letztendlich nicht mehr geben wird.

Einen Wunsch sollten wir vorläufig beibehalten: den Wunsch nach Erlösung, nach Befreiung. Doch auch diesen Wunsch werden wir, je weiter wir auf unserem Pfad fortschreiten zuletzt als Hindernis empfinden, ja als eine Illusion, welche die Dualität von Freiheit und Nicht-Freiheit aufrechterhält.

Liebe lehrt uns, die universelle Weisheit, den *Sanathana Dharma,* die ewige Wahrheit, die alles und alle miteinander verbindet, im Labyrinth der Welt zu entdecken. Nur degenerierte Religionen werden dies verneinen und sich dagegen auflehnen. Aber sie weichen damit dann auch fundamental von der *Lebensweise* ihres Propheten oder erleuchteten Lehrers ab. Was zählt, ist nicht die Exegese oder die brillante Argumentation, sondern das *konkrete Betreten* eines Pfades zur Erleuchtung. Doch wahrscheinlich müssen wir zuerst eine Menge ‹Häuser› besitzen und uns an vielen Orten niedergelassen haben, ehe wir mit *Lao Tse* sagen können:

«Ohne weit zu gehen,
kann man die ganze Welt verstehen;
ohne aus dem Fenster zu schauen,
kann man die Wege des Himmels begreifen.»[127]

Zentrales Thema der gnostischen Weisheit des Ostens und des Westens ist: das Heimkommen oder das Zuhause-Sein. Und das ist nur möglich, indem man sich selbst (sein Ego) verläßt. Mit einem Lächeln, dem höchsten Ausdruck von Menschlichkeit, erkennen wir jetzt die tiefere Bedeutung eines alten (hier leicht abgewandelten) Sprichworts:

«Ost oder West, daheim das best!»

Zitate und Anmerkungen

1 Lommel, Hermann: *Die Gathas des Zarathustra*. Schwabe & Co., Basel/ Stuttgart 1971, S. 27 (2. Gatha, Yasna 29).

2 *Die XVII Bücher des Hermes Trismegistos*. Neuausgabe nach der ersten deutschen Fassung von 1706. «akasha»-Verlag, Haar o. J., S. 19.

3 ebenda, S. 37.

4 ebenda, S. 39 f.

5 Lao Tse: *Tao-Te-King*. Neu ins Deutsche übertr. v. Hans Knospe u. Odette Brändli. Diogenes, Zürich 1985, Kapitel 1.

6 *Evangelium der Wahrheit*, in: *Apokryphe Evangelien aus Nag Hammadi*. Neu formuliert und kommentiert von Konrad Dietzfelbinger. Dingfelder Verlag, Andechs ²1989, S. 51.

7 Messing, Marcel: ‹Hoe nieuw is de Nieuwe Tijd? Een vergelijkende beschouwing›, in: *Religieuze bewegingen in Nederland* 18 (1989), S. 35–36.

8 *Upanishaden*. Die Geheimlehre der Inder. Übertr. u. eingel. von Alfred Hillebrandt. Diederichs, München 1988, S. 169.

8a Siehe hierzu: Louis Kretz, *«Vater unser». Das Christentum im Widerspruch zu Jesus*. Walter-Verlag, Olten 1992.

9 *Bhagavadgita/Aschtavakragita*. Indiens heilige Gesänge. Übertr. u. komm. von Leopold von Schroeder. Diederichs, Köln 1987, S. 154 f.

10 Deussen, Paul: *Sechzig Upanishads des Veda*. Wiss. Buchgesellschaft, Darmstadt 1963, S. 422 (II, 5, 14).

11 *Thomasevangelium*, in: *Apokryphe Evangelien aus Nag Hammadi*. Neu formuliert und kommentiert von Konrad Dietzfelbinger, Dingfelder Verlag, Andechs ²1989, S. 192 (2. Logion).

12 *Tao-Te-King*, Kapitel 47.

13 Winternitz, M.: *Der ältere Buddhismus. Nach Texten des Tipitaka*. J. C. B. Mohr (Paul Siebeck), Tübingen 1929 (Religionsgeschichtliches Lesebuch 11), S. 47.

14 Deschner, Karlheinz: *Kriminalgeschichte des Christentums*. Rowohlt, Hamburg ⁷1989, Bd. 1, S. 277 f., 290–293.

15 Pico della Mirandola, Giovanni: *De dignitate hominis* (Über die Würde des Menschen). Eingel. v. Eugenio Garin. Verlag Gehlen, Bad Homburg/Berlin/Zürich 1968, S. 27.

15a Eine zeitgemäße Deutung findet sich in: Florian Sartorio: *Die entgleiste Menschheit. Ausweg aus dem Irrweg.* Walter-Verlag 1992.

16 *Thomasevangelium*, S. 199 (24. Logion).

17 ebenda, S. 212 (77. Logion).

18 *Tao-Te-King*, Kapitel 11.

19 Blavatsky, H. P.: *Die Geheimlehre.* Theosophisches Verlagshaus, Leipzig o. J. (ca. 1919), Bd. 1, S. 395–405.

20 *Bhagavadgita*, S. 60.

21 Übernommen aus: Baumgartner, Hans: *Esoterische Astrologie im Geiste des Wassermann.* Warpke (Post Billerbeck/Hannover)[5] o. J., S. 76.

22 *Das Gilgamesch-Epos.* Neu hrsg. v. Wolfram von Soden. Reclam, Stuttgart 1989. 6. Tafel, S. 59 f.

23 Cf. Mead, G. R. S.: *De mysteriën van Mithra en een mithrisch ritueel.* W. N. Schors, Amsterdam o. J.; cf. Wauters, C.-A.: *Mithras, Geschiedenis en wezen van een cultus.* Ankh-Hermes, Deventer 1985.

24 Deschner, a. a. O., Bd. 1 und 2.

25 Yogananda, Paramahansa: *Autobiographie eines Yogi.* O. W. Barth, München o. J. (ca. [3]1954), S. 176.

26 ebenda, S. 177.

27 *Dhammapadam. Der Wahrheitspfad.* Aus dem Pali von Karl Eugen Neumann. Piper, München 1984. S. 43 (Vers 103).

28 *Der Traktat in drei Teilen*, in: *Schöpfungsberichte aus Nag Hammadi.* Neu formuliert und kommentiert von Konrad Dietzfelbinger. Dingfelder Verlag, Andechs 1989, S. 248.

29 Platon: *Werke.* Hrsg. v. Gunther Eigler. Bd. 7: Timaios, Kritias, Philebos. Sonderausg. der Wiss. Buchgesellschaft, Darmstadt 1990.

30 ebenda, Bd. 3.

31 Khan, Inayat Hazrat: *Musik und kosmische Harmonie aus mystischer Sicht.* Verlag Heilbronn, Heilbronn 1984, S. 13.

32 Blavatsky, Die Geheimlehre, Bd. 1, S. 91–95.

33 Barrett, C. K.: *Die Umwelt des Neuen Testaments.* Ausgewählte Quellen. J. C. B. Mohr, Tübingen 1959, S. 93–95.

34 Platon, Bd. 7: Timaios, Kritias, Philebos, S. 51.

35 Siehe: Ruysbeek, Erik. van/Messing, Marcel: Het Evangelie van Thomas. Ankh-Hermes, Deventer 1990, S. 33.

36 Cf. Coarer-Kalondan, E.: *De wijsheid der Druïden. Het licht van het Westen*, Ankh-Hermes, Deventer 1974; cf. Piggott, S.: *The druids*, Thames and Hudson, London 1968 (Ancient peoples and places 63).

37 Messing, Marcel: *De stilte die tot ons spreekt. Balanceren tussen tijd en tijdloosheid.* Ankh-Hermes, Deventer 1981, S. 16–30.

38 *De Manifesten der Rozenkruisers*, opnieuw uitgeg. en van een inl. voorzien door A. Santing, o. O., o. J., S. 126.

39 ebenda, S. 112–113.

40 Mahé, J. P.: *Hermès en Haute-Egypte. Les textes hermétiques de Nag Hammadi et leurs parallèles Grecs et Latins.* Les Presses de l'Université Laval, Québec 1978. Bd. 1 (Bibliothèque Copte de Nag Hammadi. Section: ‹Textes› 3), S. 29–52. Deutsche Übersetzung: *Über die Achtheit und Neunheit.* Eingel. und übers. vom Berliner Arbeitskreis für koptisch-gnostische Schriften, in: *Theologische Literaturzeitung* 98, 1973, Sp. 498–503.

41 Stein, Walter Johannes: *Weltgeschichte im Lichte des heiligen Gral. Das neunte Jahrhundert.* J. C. Mellinger Verlag, Stuttgart ³1977. S. 190.

42 Dante Alighieri: *Die göttliche Kommödie.* Ins Deutsche übertr. von Ida und Walther von Wartburg. Manesse Verlag, Zürich ³1990. S. 1002.

43 Blavatsky, H. P.: *Die Stimme der Stille. Und andere ausgewählte Bruchstücke aus dem «Buch der goldenen Lehren».* Adyar-Verlag, Graz ⁴1972. S. 26.

44 Homerus: *Die Odyssee.* Deutsch von Wolfgang Schadewaldt. Rowohlt, Hamburg 1989.

45 Frazer, James George: *Der goldene Zweig. Das Geheimnis von Glauben und Sitten der Völker.* Rowohlt, Hamburg 1989 (Reprint der Kurzfassung von 1928).

46 Herodot: *Historien.* Deutsche Gesamtausgabe. Neu hrsg. und erl. von H. W. Haussig. Kröner, Stuttgart 1971. S. 174.

47 Cf. Messing, Marcel: *De stilte . . .*, S. 14–16.

48 Cf. *Die Edda. Götter- und Heldenlieder der Germanen.* Aus dem Altnord. übertr., mit Anm. und einem Nachw. versehen von Arthur Häny. Manesse-Verlag, Zürich 1987.

49 Pagels, Elaine: *Adam, Eva und die Schlange. Eine Theologie der Sünde.* Rowohlt, Hamburg 1991.

50 Cf. Messing, Marcel: ‹En de mythe is vleesgeworden... De stoel van Petrus›, in: *Prana* 48 (1987), S. 92–93.

51 Cf. Messing, Marcel: ‹Oidipous en de fantasieën van Freud en Velikovsky›, in: *Bres* 95 (1982), S. 5–24.

52 ebenda, S. 6.

53 Cf. Yates, Frances A.: *Giordano Bruno in der englischen Renaissance.* Wagenbach, Berlin 1989.

54 Zu *Thomasevangelium*, S. 193 (7. Logion).

55 Blavatsky, H. P.: *Het esoterische karakter van de evangeliën.* Stichting ‹Theosofie›/Mirananda, Antwerpen/Amsterdam/Wassenaar 1980, S. 26–51.

56 ebenda, S. 30.

57 ebenda, S. 36.

58 Messing, Marcel: ‹En de mythe...›, S. 91.

59 *Thomasevangelium*, S. 202 (Logion 38).
60 Dostojewskij, Fjodor: *Der Großinquisitor*. Reclam, Stuttgart 1988. S. 31.
61 Edgar Hennecke: *Neutestamentliche Apokryphen*. Hrsg. v. Wilhelm Schneemelcher. Bd. 1: Evangelien, J. C. B. Mohr, Tübingen 1968, S. 247.
62 Für Literatur über das New Age verweisen wir auf:

Bateson, Gregory: *Ökologie des Geistes*. Suhrkamp, Frankfurt 1981.

Bauer-Fachkatalog: Grenzwissenschaft und verwandte Gebiete. Bauer-Verlag, Freiburg i. Br. (ständig neue Auflagen).

Capra, Fritjof: *Das neue Denken. Aufbruch zum neuen Bewußtsein. Die Entstehung eines ganzheitlichen Weltbildes im Spannungsfeld zwischen Naturwissenschaft und Mystik*. Scherz, Bern/München/Wien 1987.

ders.: *Das Tao der Physik*, Scherz, Bern/München/Wien 1984.

ders.: *Wendezeit. Bausteine für ein neues Weltbild*. Scherz, Bern/München/Wien 1986.

Cumbey, Constancy: *Die sanfte Verführung. Hintergrund und Gefahren der New-Age-Bewegung*. Schulte & Gerth, Asslar 1986.

Drury, Nevill: *Lexikon esoterischen Wissens*. Goldmann Taschenbuch, 1988.

Eersel, Patrice van: *Sterben. Der Weg in ein neues Leben. Auf der Suche nach der jenseitigen Welt. Der umfassende Wissenschaftsreport über den heutigen Stand der Todesforschung*. Scherz, Bern/München/Wien 1987.

Ferguson, Marylin: *Die sanfte Verschwörung. Persönliche und gesellschaftliche Transformation im Zeitalter des Wassermanns*. Knaur-Taschenbuch, München.

Geissler, G. (Hg.): *New Age – Zeugnisse der Zeitenwende*. Bauer, Freiburg 1984.

Goetz, Rolf: *Spirituelle Gemeinschaften. Ein Wegweiser für das Neue Zeitalter*. Mandala, Katzenelnbogen ²1985.

Grof, Stanislav: *Alte Weisheit und modernes Denken. Spirituelle Traditionen in Ost und West im Dialog mit der neuen Wissenschaft*. Kösel, München 1986.

Gruber, Elmar: *Was ist New Age? Bewußtseinstransformation und neue Spiritualität*, Freiburg 1987.

Hemminger, Hansjörg (Hg.): *Die Rückkehr der Zauberer. New Age – Eine Kritik*. Rowohlt, Hamburg 1987.

Obrist, W.: *Neues Bewußtsein und Religiosität. Evolution zum ganzheitlichen Menschen*. Walter-Verlag, Olten/Freiburg i. Br. 1988.

Pribram, Karl: *Languages of the Brain*. Englewood Cliffs. N. J. 1971.

Rosenberg, Alfons: *Durchbruch zur Zukunft. Der Mensch im Wassermann-Zeitalter*. Zluhan, Bietigheim 1979.

Rupert, Hans-Jürgen: *New Age. Endzeit oder Wendezeit?* Coprint Druck-und Verlagsgesellschaft, Wiesbaden 1985.

Schmidt, Norbert: *Die Evolution von Geist und Gesellschaft*, Walter-Verlag 1991.

Sheldrake: *Das schöpferische Universum. Die Theorie des morphogenetischen Feldes.* Goldmann-Taschenbuch.

Sillescu, Daniel: *Das New Age Buch. Bewußtseinswandel in Wirtschaft, Politik, Erziehung, Psychologie, Physik, Biologie, Medizin, Grenzwissenschaften, Philosophie, Musik und Kunst.* D. S. Verlag, Ascheberg 1986.

Trevelyan, George: *Eine Vision des Wassermann-Zeitalters. Gesetze und Hintergründe des New Age.* Goldmann-Taschenbuch.

Walsh, Roger N.; Vaughan, Frances (Hg.): *Psychologie in der Wende. Grundlagen, Methoden und Ziele der Transpersonalen Psychologie. Eine Einführung in die Psychologie des Neuen Bewußtseins.* Rowohlt-Taschenbuch, Hamburg.

Wilber, Ken (Hg.): *Das holographische Weltbild. Wissenschaft und Forschung auf dem Weg zu einem ganzheitlichen Weltverständnis.* Scherz, Bern/München/Wien 1986.

ders.: *Halbzeit der Evolution. Der Mensch auf dem Weg vom animalischen zum kosmischen Bewußtsein.* Scherz, Bern/München/Wien 1984.

Zukav, Gary: *Die tanzenden Wu Li Meister. Der östliche Pfad zum Verständnis der modernen Physik: vom Quantensprung zum Schwarzen Loch.* Rowohlt-Taschenbuch, Hamburg 1985.

63 Wilber, K.: ‹De New Age bestaat niet. De geboortegolf, het narcisme en de zestiger jaren›, in: *Koörddanser* (1988), S. 48.

64 Cf. Ouweneel, W. J.: *Het domein van de slang. Christelijk handboek over occultisme en mysticisme.* Buyten & Schipperheyn, Amsterdam [4]1988.

Baaren, J. I. van: *Geestelijke stromingen in het licht van de bijbel. Sikhs, boeddhisme, soefisme.* Stichting Moria, Amsterdam 1979; von demselben Autor sind beim obengenannten Verlag erschienen: *Krishnamurti in het licht van de Bijbel,* 1983; *De Regenboog. Bijbels of onbijbels,* 1989; *Rozenkruisers in het licht van de bijbel;* 1978; *Zeg nee tegen de New Age infiltratie, 1987.*

Tuyl, O. H. D. und J. I. van Baaren: *New Age Movement en de antichrist in het licht van de bijbel.* Stichting Moria, Amsterdam 1987.

Smitte, R. van der: *Als het licht duisternis is . . .* Gideon, Hoornaar [2]1990.

König, R.: *New Age. Dwaalwegen naar een nieuwe wereld.* Medema, Vaassen (nach 1986).

Dam, W. C. van: *Tussen geest en antigeest.* Voorhoeve, Den Haag (nach 1987).

65 Cf. Messing, Marcel: ‹Antisemitisme en godsdienstwaan. Misbruik van godsdienst, gnostiek, esoterie en occultisme›, in: *Prana* 54 (1988), S. 47–68.

66 Evangelium nach Philippus, in: Apokryphe Evangelien aus Nag Ham-
    madi. Neu formuliert und kommentiert von Konrad Dietzfelbinger,
    Dingfelder-Verlag, Andechs ²1989.
67 Krishnamurti, Jiddu: Selbstgespräche. Das letzte Tagebuch. Aquamarin-
    Verlag, Grafing o. J. (ca. 1988/89), S. 88.
68 Strycker, E. de: Beknopte geschiedenis van de antieke filosofie. Ambo, Ant-
    werpen/Baarn ²1980, S. 32.
69 Cf. Caljé, K. und J. Meynen: ‹De verlichte manager›, in: NRC Handelsblad
    vom 8. August 1990.
70 Het ware boek der volkomen leegte. Bloemlezing uit de geschriften van Lièh
    Tze en Yang Tsjoe. Vert. en ingel. door J. C. F. Last. Ankh-Hermes, De-
    venter ⁴1987, S. 79.
71 Walf, Knut: Die chinesische Lehre von Tao und der Taoismus. In: Messing,
    Marcel (Hg.): Von Buddha bis C. G. Jung. Religion als lebendige Erfahrung.
    Walter-Verlag, Olten/Freiburg i. Br. 1990, S. 108–133; ders.: Tao für den
    Westen. Eine Hinführung. Kösel, München 1989.
71a Siehe hierzu: Von Buddha bis C. G. Jung. Religion als lebendige Erfahrung,
    hrsg. v. Marcel Messing, Walter-Verlag 1990, 314–328.
71b C. G. Jung/R. Wilhelm, Das Geheimnis der Goldenen Blüte. Ein chinesi-
    sches Lebensbuch, Walter-Verlag 1971.
72 Suzuki, Daisetz T.: Die große Befreiung. Einführung in den Zen-Buddhis-
    mus. Mit einem Vorwort von C. G. Jung. Scherz, Bern/München/Wien
    1979, S. 13 f.
73 Siehe die Einführung von Alexander M. Smit in: Ramana Maharshi:
    Ulladu Narpadu, Veertig verzen over de werkelijkheid, bew. en van
    commentaar voorzien door S. S. Cohen. Altamira, Heemstede 1989,
    S. 8.
74 Lorenzo, G. de: Het oude boeddhisme. Wereldbibliotheek, Amsterdam/
    Antwerpen 1949, S. 339 f.
74a Dazu siehe auch: M. Pema-Dorje, TARA. Weiblich-göttliche Weisheits-
    kraft im Menschen, Walter-Verlag, Olten 1991.
75 Shankara: Das Kleinod der Unterscheidung. Vivekachudamani. In: Die Er-
    kenntnis der Wahrheit. Econ Taschenbuch, Düsseldorf 1990, S. 126.
76 Singh, Maharaj Charan: Der göttliche Pfad. Drei Eichen Verlag, Engel-
    berg/München 1975, S. 128 f.
77 Platon, Bd. 7, S. 253.
78 Leaky, Richard E./Lewin, Roger: Wie der Mensch zum Menschen wurde:
    neue Erkenntnisse über den Ursprung und die Zukunft des Menschen.
    Heyne, München 1985.
79 Cf. Ancient Indian Tradition and Mythology. Puranas in Englisch trans-
    lation, ed. by J. L. Shastri a. G. P. Bhatt. Motilal Banarsidass, Delhi (etc.)
    1982; Zusammenfassung in: Danielou, Alain: La fantasie des dieux et

l'aventure humaine. Nature et destin du monde dans la tradition Shivaïte. Le Rocher, Monaco 1988, S. 13–37.

80 Cf. Eggenstein, Kurt: *Der Prophet Jakob Lorber verkündet bevorstehende Katastrophen und das wahre Christentum.* Lorber-Verlag, Bietigheim ⁴1979.

81 *Hermetica. The ancient Greek and Latin writings which contain religious or philosophic teachings ascribed to Hermes Trismegistus,* ed. by W. Scott. Shambhala, Boston 1985, Bd. 1, S. 343–345.

82 ebenda, S. 345.

83 *Bhagavadgita,* S. 44.

84 ebenda, S. 44.

85 Sai Baba, in: *Sathya Sai Baba nieuws* 1 (1986), 2, S. 18.

86 *Dhammapadam. Der Wahrheitspfad.* S. 77 (Vers 251).

87 Murphet, Howard: *Sai Baba Avatar. Eine neue Reise in das Reich der Macht und Herrlichkeit.* Mirapuri-Verlag, Planegg ²1987, S. 203 ff.

88 Sandweiss, Samuel H.: *Sai Baba. Der Heilige und der Psychotherapeut.* Sathya Sai Baba Vereinigung e. V., Bonn ⁴1989. S. 11.

89 Singh, *Der göttliche Pfad,* S. 127.

90 *Bhagavadgita,* S. 56.

91 ebenda, S. 71/72.

92 ebenda, S. 57.

93 In: *Sathya Sai Baba nieuws* 3 (1988), 2, S. 30.

94 Sandweiss, *Sai Baba.* S. 220.

94a Siehe dazu: Florian Sartorio: *Die entgleiste Menschheit. Ausweg aus dem Irrweg.* Walter-Verlag 1992.

95 Dschuang Dsi: *Das wahre Buch vom südlichen Blütenland.* Übertr. u. eingel. v. Richard Wilhelm. Diederichs, Düsseldorf/Köln 1972, S. 131 (Buch 12, 4).

96 Lao Tse: *Tao-Te-King,* Kapitel 1.

97 Hennecke, *Neutestamentliche Apokryphen,* Bd. 2: Apostolisches, Apokalypsen und Verwandtes.

98 Pagels, *Versuchung durch Erkenntnis,* S. 15.

99 Messing, Marcel: ‹Vom Christentum zum Christ-Sein – eine vergleichende Betrachtung›, in: Messing, Marcel (Hg.): *Von Buddha bis C. G. Jung. Religion als lebendige Erfahrung.* Walter, Olten/Freiburg i. Br. 1990, S. 289–314.

100 Herz-Meister Da Free John: *Das Knie des Lauschens.* The Dawn Horse Press, Amsterdam 1988, S. 7 f.

101 ebenda, S. 1.

101a Vgl. ‹Die Wolke des Nichtwissens›, in: Anne Bancroft, *Mystiker – Wegweiser für die Zukunft,* Walter-Verlag, Olten 1992.

102 Ruysbeek, Erik van: *Wegen naar de ongrond,* Leuvense Schrijversakte, Leuven 1989 (Ned. reeks Leuvense Cahiers 86), S. 69.

103 *Upanishaden*, S. 116.

104 Shankahra: *Das Kleinod der Unterscheidung.* O. W. Barth, Bern 1981, S. 84.

105 Aus einer Rede vom 30. 8. 75.

106 Khan, Inayat Hazrat: *Gayan, Tonen van de ongespeelde muziek.* Ankh-Hermes, Deventer 1978, S. 112.

107 *Thomasevangelium*, S. 192 (2. Logion).

108 Zitiert in: Pagels, Elaine: *Versuchung durch Erkenntnis. Die gnostischen Evangelien.* Suhrkamp Taschenbuch, Frankfurt 1987, S. 16.

109 Krishnamurti, Jiddu: *Auf der Suche. Gedichte.* Aus dem Engl. v. Annie Vegeveno. Orden des Sterns, Neubabelsberg (A. Asher & Co., Berlin) 1929.

110 In: *Yoga Advaita* 6 (1982), S. 2, 3.

111 *Evangelium nach Philippus,* in: *Apokryphe Evangelien aus Nag Hammadi.* Neu formuliert und kommentiert von Konrad Dietzfelbinger. Dingfelder Verlag, Andechs ²1989, S. 100.

112 *Evangelium nach Maria,* in: ebenda, S. 257.

113 *Thomasevangelium*, S. 192 (3. Logion).

114 ebenda, S. 205 (51. Logion).

115 *Bhagavadgita*, S. 44.

116 ebenda, S. 63.

117 ebenda, S. 147.

118 *Thomasevangelium*, S. 212 (77. Logion).

119 Amonesta-Verlag, Wien, o. J.

120 Quispel, Gilles: *Gnosis als Erfahrung,* in: Messing, Marcel (Hg.): *Von Buddha bis C. G. Jung. Religion als lebendige Erfahrung.* Walter, Olten/Freiburg i. Br. 1990, S. 203.

121 Aurelius Augustinus: *Die Bekenntnisse.* Übertr., Einl. u. Anm von Hans Urs von Balthasar. Vollst. Ausgabe. Johannes-Verlag, Einsiedeln, Trier ²1988. S. 73 f. (Buch 3, VI, 10).

122 ebenda, Buch 5.

123 ebenda, S. 110 (Buch 5, III, 3).

124 Oort, J. van: *Jeruzalem en Babylon. Een onderzzoek van Augustinus' De stad van God en de bronnen van zijn leer der twee steden (rijken).* Boekencentrum, Den Haag 1986, S. 180–192.

125 In: *Sathya Sai Baba nieuws* 2 (1987), 3, S. 18.

126 Hennecke, *Neutestamentliche Apokryphen,* Bd. 2, Apostolisches, Apokalypsen und Verwandtes, S. 155.

127 Lao Tse: *Tao-Te-King*, Kapitel 47.

Bildnachweis

Abb. 1 Wauters, C. A.: *Mithras. Geschiedenis en wezen van een cultus*, Ankh-Hermes, Deventer 1985, S. 17.

Abb. 2 Die Tafelrunde, Le livre de messire du Lac, Bibliothèque National, Paris.

Abb. 3 Lissner/Rauchwetter, *Der Mensch und seine Gottesbilder*, Walter-Verlag, Olten und Freiburg im Breisgau 1982, S. 153.

Abb. 4 Binder-Hagelstange, U.: *Ägypten*, Walter-Verlag, Olten und Freiburg im Breisgau 1978, S. 309.

Abb. 5 Pijoán, J.: *Summa Artis*, Band 2, Madrid 1944², S. 299.

Abb. 6 Wauters, *Mithras* (s. o.), S. 52.

Abb. 7 *Lexikon der Symbole*, hrsg. v. W. Bauer, I. Dümotz und S. Golowin, Fourier Verlag, Wiesbaden 1985, S. 221.

Abb. 8 ebenda, S. 357.

Abb. 9 ebenda, S. 333.

Abb. 10 *Griechische Sphinx*, Metropolitan Museum, New York.

Von Buddha bis C. G. Jung

Religion als lebendige Erfahrung
Herausgegeben von Marcel Messing

378 Seiten mit 40 Abbildungen, 1990

«In einer vergleichenden Betrachtung stellt der Her-
ausgeber Marcel Messing verschiedene Wege der
großen Weltreligionen bezüglich einer lebendigen
Gotteserfahrung nebeneinander. Er scheut auch den
Vergleich mit wissenschaftlichen Ansätzen nicht.
‹Es zeigt sich, daß Physik und Mystik mehr miteinander zu tun haben, als man vermutet hat.› So
ein Zitat von Marcel Messing. Auch die politische
Dimension seines Buches ist aktueller den je:
‹Die Beziehung zwischen Mensch und Gott ist auf
das Wohl des Menschen gerichtet. Um so erschüt-
ternder ist es, daß gerade die Religionen den Krieg
provozieren oder gar fördern. Es sieht danach aus,
als würde die Mentalität der Höhlenbewohner noch
immer fortbestehen. Wir besitzen zuviel Ideologie
und zuwenig Gotteserfahrung.› Diese Studie stellt
die Weltreligionen informativ und kritisch vor.»
Informationen Kath. Jugendsekretariat Nürnberg,
Februar 1991

Walter-Verlag